JN492484

뉴 머신시대의 기업가정신을 찾아서:

인공지능, 플랫폼 비즈니스, 사물인터넷, 증강현실, 디지털 트윈을 중심으로

Artificial intelligence, platform business, Internet, augmented reality, digital twin

이건창

성균관대학교 경영대학 글로벌경영학과 교수

무역경영사

머리말

2020년도는 코로나 바이러스의 창궐로 인하여 모든 것이 어려워진 한해가 되었다. 사람과 사람 간의 자연스런 접촉 자체가 금지되고, 나라와 나라 간 사람들의 이동이 거의 전면 중지 되면서 멀쩡하던 관련 산업이 도산위기에 몰리는 상황이 계속되고 있다.

이렇게 되자, 가게 문을 열고 고객을 직접 대면하여 비즈니스를 하는 회사는 매출 대부분이 순식간에 사라져 버렸다. 그리고 온라인으로만 제품과 서비스를 팔던 회사는 폭발적인 수요증대로 즐거운 비명을 지르고 있다. 어제까지 당연하고 정상적이던 상황이 코로나 바이러스의 등장 이후 비정상이 되었다. 이제는 비대면 비즈니스라고 하는 이른바 언택트(untact) 비즈니스 문화가 새로운 정상, 즉 뉴노멀(new normal)로 우리네 직장과 일상생활에 빠른 속도로 녹아들고 있다.

문제는 이 같은 뉴노멀이 아무런 대책이 없는 상태에서 짧은 시간 내에 강제로 우리들의 비즈니스 및 삶의 영역에 자리 잡았다는 것이다. 이렇게 되면 기존의 대면 위주의 비즈니스 문화에 모든 것을 맞추어온 기업은 미처 적응할 시간이 부족하기 때문에 더욱 위기에 빠질 수밖에 없다.

그러면 우리는 어떻게 할 것인가? 우리에게는 아무런 희망과 대책이 없는가? 그렇지 않다. 우리에게는 아직 반전의 기회가 남아 있다. 바로 기업가정신의 적극적인 발현이다. 더욱이 우리는 4차산업혁명이라는 시대적 산물을 통하여 기존과는 비교하기 어려울 정도의 보다 더 혁신적인 기업가정신 발현이 가능한 시대를 맞이하고 있다.

2020년은 인공지능, 로봇, 사물인터넷, 증강현실 등으로 초지능, 초연결, 초현실로 정의되는 4차산업혁명시대가 시작 된지 20여 년이 흐른 시점이다. 그런데 여기에 코로나 바이러스로 인하여 언택트 문화가 뉴노멀로 자리 잡게 되면서 기업가의 세계, 즉 앙트레프레너의 세계 역시 큰 변화를 겪고 있다. 본서는 이같이 시대적 변환기에 서 있는 작금의 시점에서 우리가 지향하여야 할 기업가정신의 본질이 무엇이고, 이를 적극적으로 발현할 수 있는 방안이 무엇인지를 알고자 하는 문제의식을 토대로 집필된 책이다. 이 책에서는 무엇보다도 4차산업혁명시대의 관점에서 기업가정신의 본질과 추세를 보고자 하기 때문에 4차 산업혁명시대의 3대 요인을 집중적으로 분석한다. 이를 정리하면 다음과 같다.

첫째, 우선 초지능의 세계가 더욱 더 활짝 열리고 있다. 언택트 비즈니스 문화가 뉴노멀로 자리를 잡게 되면 이를 지탱해 줄 수 있는 보다 지능적인 기술이 필요하다. 즉, 초지능으로 무장한 강한 인공지능 기술이 기존의 비즈니스 모델을 언택트 비즈니스 모델로 변혁하는데 필요하게 된다. 강한 인공지능기술이 가능하게 된 것은 딥러닝 기법이 손쉽게 적용 가능한 시대가 되었기 때문이다. 어지간한 노트북에서도 딥러닝 기법은 손쉽게 구동이 가능하고, 다양한 비즈니스 측면에서 눈부신 성공을 거두고 있다. 따라서, 코로나 이전에는 당연히 대면 비즈니스로만 여겨지던 수많은 비즈니스 유형들이 강한 인공지능기술의 도움으로 비대면 비즈니스 유형으로 변환될 것이다. 그리고, 코로나 이전에는 상상할 수 없었던 다양한 유형의 비대면 비즈니스가 우리들의 삶 한가운데로 성큼 진입하여 기존의 대면 비즈니스 자리를 대신할 것이다.

둘째, 초연결의 시대가 더욱 가속화되고 있다. 코로나 시대에서 반강제적으로 집 또는 좁은 공간에 갇혀 지내야 하는 기업 근로자들은 어쩔 수 없이 온라인 커넥션에 더욱 매달릴 수밖에 없다. 코로나 시대 이전에 온라인 커넥션에 의존하는 시간을 따져보면 2019년도의 경우 전 세계 인구 57%가 인터넷에 접속하고, 하루 평균 6.5시간을 온라인 커넥션에 쏟고 있다. 코로나 시대에는 적어도 1시간은 늘어날 것으로 예상한다. 그만큼 온라인 비즈니스의 중요성이 더욱 더 강조될 것이다. 그동안 사물인터넷, 즉 IoT 확산에 걸림돌이 된 것은 모든 사물에 센서를 부착하여 이를 모니터링하고 통제하려는 활동에 대한 심리적 거부감이었다. 그러나 코로나 시대 이후에는 더욱더 많은 사물들이 인터넷으로 연결되면서 자연스럽게 초연결의 시대로 본격적으로 진입할 것이다. 그리고 이러한 초연결을 강력한 비즈니스 경쟁무기로 사용하는 우량 스타트업이 많이 등장할 것이다.

셋째, 초현실의 세계가 우리 손에 들어와 있다. 초현실이란 증강현실, 가상현실로 강화된 현실이 한 단계 더 발전한 혼합현실의 세계로 접어들고 있다. 5G로 발전하고 있는 우리들 손안의 스마트폰이 이러한 증강현실 및 혼합현실로 우리들을 더욱 빠른 속도로 인도하고 있다. 사실 일반 개인이 증강현실과 혼합현실을 직접 구현하고 사용하기에는 많은 기술적 난관이 있으나, 5G 스마트폰이 그러한 난관을 훌쩍 뛰어넘을 수 있도록 하고 있다.

본서는 전체 4부로 구성되어 있다. 1부에서는 기업가정신, 창업가정신, 그리고 4차산업혁명시대라는 주제 하에 기업가정신에 대한 다양한 측면을 검토한다. 2부에서는 인공지능시대의 기업가정신이라는 주제 하에 인공지능기법, 인공지능서비스 플랫폼, 지능형 에이전트 기법을 기반으로 한 기업가정신을 분석한다. 3부에서는 뉴 머신시대의 신규 비즈니스 모델을 검토한다. 여기에서는 플랫폼 비즈니스, 증강현실, 디지털 트윈 관점에서의 신규 비즈니스 모델을 설명한다. 마지막 4부에서는 기업가정신 지수를 검토하고 우리나라의 기업가정신의 현황과 미래의 발전방향을 설명한다.

이와 같이 본서는 4차산업혁명시대에서 우리가 지향하여야 할 기업가정신의 본질과 그 발현전략에 대하여 목말라 하는 독자들에게 좋은 지침을 제공할 수 있을 것이다. 부디 본서가 기업가정신을 탐구하고자 하는 모든 강호제현들에게 귀히 읽히는 책이 되기를 간절히 소망하며…

2020년 9월
이건창 올림

차 례

1부 기업가정신, 창업가정신, 그리고 4차산업혁명시대

2부 인공지능시대의 기업가정신

3부 뉴 머신시대의 신규 비즈니스 모델

1부

기업가정신, 창업가정신, 그리고 4차산업혁명시대

1장 전통적 기업가정신의 이해

1절 기업가정신의 정의

1. 기업가의 정의

기업가(entrepreneur)란 '남들이 발견하지 못한 사업 기회를 찾아내어 자신의 책임 하에 필요한 자원(돈, 사람, 원자재 등)을 조달하여 사업을 시작하는 사람'을 말한다. 사업 기회를 찾아낸다는 것은 시장과 소비자들에게 제품이나 서비스를 제공하고 그들이 기꺼이 구입해줄만한 새로운 제품이나 서비스를 발견하거나, 기존의 것을 더 싼값에 제공할 수 있는 방법을 찾아내는 것을 의미한다.

드러커(Peter F. Drucker)는 기업가에 대해 "변화를 탐구하고, 변화에 대응하며, 변화를 기회로 이용하는 자"라고 정의하였다. 그는 기업경영과 기업가정신은 절대로 별개가 아닌 것으로 보았으며, 기업가정신이 없는 경영자는 반드시 망한다고 하였다. 창업자의 성공은 기업가정신의 실현에 있으며, 기업가정신이 없는 소유경영자 또는 기업가정신이 없는 전문경영자도 망한다. 기업가정신은 기업의 정신적 기반인 경영이념이며, 경영사상이다. 다시 말해 기업가정신은 경영철학이며, 기업의 통치이념이라고 할 수 있다.

기업가들은 자신의 책임 하에 사업을 시작하며, 동반되는 커다란 위험을 감수해야 한다. 만약 사업이 실패할 경우 자신이 투자한 자본을 잃는 것은 물론이고 자신을 믿고 투자해준 출자자와 돈을 꾸어준 채권자들에게도 손해를 입히게 된다. 따라서 무능한 자, 신용이 없는 자라는 비난을 받을 수밖에 없다. 그렇다면 기업가들은 그런 위험을 무릅쓰고 왜 사업을 시작하는가? 사업이 성공할 경우 많은 돈을 벌 수 있음은 물론 소비자들에게 보다 나은 양질의 제품이나 서비스를 제공하여 사회에 이바지할 수 있다는 기대가 있기 때문에 위험을 무릅쓰고 사업을 시작하는 것이다. 물론 돈, 즉 부(富) 자체를 목표로 삼지 않는 사람도 있으나 사업으로 인해 위험을 부담하게 되는 대가로 무엇인가 보상을 기대하기 때문에 사업을 시작한다.

19세기 이후 기업의 발전에 따라 기업가에 대한 연구가 이루어졌다. 기업가는 어원상으로 앙트레프레너(entrepreneur)라는 점에서 모험(venture)을 내포하고 있다. 이러한 의미에서 기업가는 모험적인 특징을 잘 나타낸다.

기업가는 꿈과 비전을 현실에서 실현시켜가는 사업가이다. 기업가는 시장 상황에서 전혀 없는 아이디어나 기술을 기반으로 새로운 제품이나 사업 영역을 창조하려고 한다. 이들은 자신의 꿈과 비전의 가능성을 실현시키는 전략을 가지고 있다.

기업가는 단순한 조직혁신자가 아니라 사회혁신자(social innovator)이다. 기업가는 모험을 지향하기 때문에 기존 관행이나 질서에 안주하지 않고, 또한 기업조직 내부의 역량이나 이해에 매몰되지 않고 새로운 비전과 가능성을 추구한다. 때문에 기업가는 기업조직 내·외부의 다양한 사회적 잠재력과 그 변화를 예측하고 전망하여야 한다. 또한, 변화되는 사회환경에서 기업조직의 목표와 사업 영역의 가능성과 한계를 인식하고 조직 내·외부의 다양한 자원을 활용하여 목표를 달성하도록 조직화하여야 한다. 따라서 기업가정신은 기업-사회의 연계를 넘어 '사회 속의 기업'이라는 인식의 전환을 그 핵심으로 하고 있다.

2. 기업가의 변천적 개념

전통적 개념의 기업가 본질과 현대적 개념에서의 기업가 본질은 다소 시대에 따라 다르게 파악될 수 있다.

◆ 기업가의 전통적 본질

- 비전과 개척자정신: 창업(start-up)
- 창의성과 혁신
- 위험부담과 '할 수 있다(can do spirit)'는 성취동기

◆ 기업가의 현대적 본질

- 우수기업의 창조와 훌륭한 인재양성의 책임
- 사내 기업가정신과 변혁적 리더십

기업가정신과 관련된 대표적 학자로는 미국의 경제학자 슘페터(Joseph A. Schumpeter)를 들 수 있다. 그는 새로운 생산 방법과 새로운 상품개발을 기술혁신으로 규정하고, 기술혁신을 통해 창조적 파괴(creative destruction)에 앞장서는 기업가를 혁신자로 보았다.

그는 혁신자가 갖추어야 할 요소로,

① 신제품개발,

② 새로운 생산 방법의 도입,

③ 신시장 개척,

④ 새로운 원료나 부품의 공급,

⑤ 새로운 조직의 형성,

⑥ 노동생산성 향상 등을 꼽았다.

현대에는 이러한 전통적 의미의 기업가정신에 ① 고객제일주의, ② 산업보국, ③ 인재양성, ④ 공정한 경쟁, ⑤ 근로자 후생복지, ⑥ 사회적 책임의식까지 겸비한 기업가를 진정한 기업가로 보는 견해가 지배적이다.

(1) 고전적 개념

20세기 전의 기업가에 대한 모든 고전적 개념을 살펴보자.

경제학적 용어로 기업가의 개념을 아담 스미스(Adam Smith)의 국부론(*The Wealth of Nations*)에서 살펴본다면, '자본가(capitalist)'와 '생산자'를 동

일한 개념으로 보고 생산자를 기업가와 구별 없이 혼용하고 있다. 그는 여기에서 기업가에게 자유롭게 경제 활동을 하게 하면 나라의 수입이 증진되고 국가의 이익이 상향 된다고 하고 있다.

생산자 및 기업가는 이익의 극대화를 목표로 노동과 자본의 결합을 능률적(생산적)으로 관리·운영해서 이윤을 얻는 생산 활동의 주체로 보고 있다. 즉, 생산자 및 기업가의 이익극대화를 목표로 노동자본의 결합을 능률적(생산적)으로 관리·운영해서 이윤을 얻는 생산 활동을 아담 스미스는 강조하고 있는 것이다.

기업가에 대한 고전적 개념을 한 마디로 요약한다면 '상인 기업가(merchant entrepreneur)'라고 할 수 있다.

고전적 경제학자들이 보는 생산자, 기업가 또는 자본가란 소극적 개념으로 보자면 '생산자', '이익을 찾아다니는 사람', '가격 변동의 징후에 따라 움직이는 사람'으로 볼 수 있고, 적극적인 개념으로 본다면 '토지에 가치를 부여하고, 일자리를 제공하고, 자본을 만들어 내고 경제발전을 가져오는 경제 활동의 중심인물'이라고 할 수 있다.

고전적 경제학자들이 생각하는 기업가를 소극적인 개념에서 보면 상인기업가 또는 이익을 찾아다니는 사람, 즉 이익을 위해 모험을 감수하는 사람으로 볼 수 있겠으나 실질적이고, 적극적인 개념으로 기업가의 역할을 본다면, '토지에 가치를 부여하고, 일자리를 제공하고, 자본을 만들어 내고 경제발전을 가져오는 경제 활동의 중심인물'이라고 볼 수 있다.

고전파 경제학자들이 활동하던 시대에는 기업가를 소유경영자, 자수성가형 사업가 등의 개념으로 보고 기업가와 소유경영자(또는 자수성가형 사업가)를 동일시했고 사업추진가(자영사업자)의 개념이 지배적이었다고 볼 수 있다. 즉, 고전적 개념에서의 기업가 개념은 창업적 기업가 개념이 핵심이 되고 기업의 성공을 위한 열정적 실천가로 보았으며, 그 특징에 관해서는 기업가와 경영자를 동의어로 취급하고 있다.

(2) 신고전적 개념

기업가의 고전적 개념은 시대적 산물이었다고 볼 수 있다. 이에 비해, 기업가의 신고전적 개념(neo-classical concept)은 처음으로 기업가의 창업가적 개념을 확장시켜 창업뿐만 아니라 우수기업으로 성장까지 시켜나가는 것을 기업가의 본질적 개념으로 보게 된 발전적 개념이다. 영국에서 시작된 산업혁명을 통해 산업사회의 혁신적 변화와 생산성의 급성장이 이루어졌고 이로 인해 경제이론의 수정이 요구되었으며 이 시대에는 생산자 기업가는 투자자 및 자본가와 구별하게 되었다. 또한 기업가와 전문경영인과의 구별이 이루어지면서 기업가와 전문경영인의 협동이론으로 경영학이 발전하게 되었다. 즉, 기업가의 특질이 전문경영인 없이는 우수기업 만들기에 성공할 수 없다는 시대의 변천에 순응하는 형태로 변한 것이다. 이것이 바로 기업가와 전문경영인 협동시대의 개막을 의미하는 것이며, 20세기를 주도한 전문경영인 전성시대로 이어져 발전하게 되는 변천기의 새로운 개념이기도 하다. '우수기업 만들기'를 위한 체계적인 학문이 경영학이라고 한다면 신고전적 개념은 바로 경영학의 발전과 더불어 생겨난 새로운 개념이라고 할 수 있다.

산업혁명은 영국을 시작으로 유럽대륙과 영국의 식민지였던 미국에까지 혁명적인 변화를 가져왔다. 산업혁명을 통해 그들은 새로운 자원인 철과 석탄을 사용한 기계 및 기술을 개발·발달시켰고, 그에 따라서 생산성의 급성장을 도모하였다. 이는 새로운 상품과 제작에 공헌하는 '발명가 기업가' 및 '기술자 기업가'들의 등장을 의미하는 것이다. 산업사회의 혁신적 변화는 생산요소 주도(production factor driven)의 경제발전이 일어나게 되는 계기가 되었다.

앞서 논의했듯이 신고전적 개념에서는 기업가란 창업도 잘 하지만 기업이 지속적 성장을 하여 우수기업으로 발전시키는 것도 잘 해내야 한다는 새로운 역할을 강조하고 있다. 아울러 이것은 투자가와 기업가의 구별을 명확히 하기 시작하는 시대의 변천을 보여주는 특징이기도 하다.

그동안 연구가 등한시되었던 기업가의 본질의 개념이 뚜렷이 부각되면서 경영관리의 전문성이 강조되고 경영관리의 전문성이 기업가의 본질에서 분리되어 전문경영인의 영역으로 이동하였다. 그러면서 신고전적 개념에서 기업가는 모험성 기업가이면서 기술자 기업가의 본질과 전문경영인과의 협동 없이는 기업의 성장발전이 불가능하다는 것을 이해하는 시대가 되었다. 이러한 신고전적 개념의 대표적인 예로써 미국의 헨리 포드(Henry Ford)와 일본의 혼다 소이치로를 들 수 있다. 이들의 특징은 전통적 고전형 기업가 개념을 확대·수정하고 소위 신고전형 기업가의 위상을 정립한 것이다.

(3) 현대적 개념 - 슘페터와 드러커의 견해

슘페터(J. A. Schumpeter)에 의하면 기업가란 새로운 결합 또는 혁신을 촉진시키는 사람이다. 즉, 기업가는

① 새로운 상품의 개발

② 새로운 생산 방식의 도입

③ 새로운 시장의 개척

④ 원료와 반제품의 새로운 공급원의 정복

⑤ 독점적 지위의 형성이나 새로운 산업조직의 수행 등

소위 말하는 기술혁신의 기회를 발견하고 그것을 실천하는 사람으로, 그들은 새로운 상품, 새로운 시장, 새로운 자원의 개발, 새로운 조직을 포착하여 새로운 기업을 일으킨다. 다시 말해서 기업가는 발명 또는 이전에 시도된 적이 없는 기술적 가능성 적용, 원재료의 새로운 공급원과 제품의 새로운 판로를 개척하거나 더 나아가 산업을 재편성함으로써 생산양식을 혁신하는 자로 파악하고 있다. 그리고 이 같은 기업가의 역할을 '창조적 파괴'라고 보고 창업자의 이윤을 그들의 보수라고 봤다. 이처럼 슘페터(J. A. Schumpeter)는 기업가를 혁신가(혁신을 촉진시키는 사람)로 보고 기업가의 끊임없는 창조적 파괴 활동에 의해 기술혁신이 이루어지고 있다고 했다. 그래서 그는 기업가가 노동·자본·기술 등 생산 요소를 결합하여 새로운 생산 방법을 만들어내는 기술혁신을 이룩하고자 하는 정신을 '기업가정신'이라고 정의했다.

슘페터는 혁신가란 경제에 충격과 파문을 일으켜 균형 상태를 깨는 자를 의미하며, 끊임없이 생산 방식과 새로운 제품을 만들어 새로운 시장을 개척함으로써 건설적인 의미에서 균형 상태를 혼란 속으로 몰아가는 역할을 통해 진보와 발전을 가져오게 하는 혁신가로서 기업가를 보고 있다. 즉, 기업가는 혁신을 일으키는 행동대원이며 기존의 생산 방식이나 기존의 상품에 속박

받지 않고, 관습으로부터 탈퇴하여 끊임없이 변화를 시도해가는 자이다. 따라서 기업가는 혁신을 통해 새로운 결합을 수행함으로써 발전을 가져오게 하는 자인 것이다.

그리고 기업의 이러한 끊임없는 창조적 파괴 활동에 의해 기술혁신이 이루어지고, 기업가정신이 투철한 기업가에 의한 기술혁신이 경제발전을 이끄는 원동력이라는 것이다.

드러커(P. F. Drucker)는 그의 저서 '이노베이션과 기업가정신'에서 기업가란 변화를 탐구하고 변화에 대응하며 또한 변화를 기회로 이용하는 자로 보았다. 그리고 기업가정신을 새로운 문제나 새로운 기회에 대해 이노베이션으로 해결책을 찾아가는 데서 찾고 있다. 또한 그는 기업가정신은 중소기업뿐만 아니라 대기업과 공공기관에서도 필요한 것이며 새로운 기업에서 뿐만 아니라 오래된 기업에서도 필요한 것이라고 했다. 다시 말해서 기업가는 변혁을 일으키고 새롭고 이질적인 가치를 창조해야 한다는 점에 초점을 두고 있다. 드러커는 기업가의 역할을 변화를 통해서 기회를 확대하는 사람으로 보고 있는 것이다. 또한 기업가란 변혁을 일으키고 새로운 변화에 대응하여 변화를 기회로 이용하는 이노베이션의 담당자라는 것이다. 즉, 이노베이션을 실천해 가는 사람을 기업가로 파악하고 있다. 그리고 이러한 활동에 따른 위험을 감수하는 것은 당연한 것이라고 본다. 즉, 경제 활동을 수행하여 가는 과정에서 기업가는 위험을 감수해야 한다는 것이다.

3. 기업가의 역할과 특징

대표적인 기업가 중 한 사람인 에디슨은 위대한 발명가이기도 하지만 축음기 등의 전기제품을 제조·생산하는 회사까지 설립한 기업가이기도 하였다. 그가 설립한 회사는 오늘날 세계적인 글로벌기업으로 발전한 GE의 모체가 된다. 처음 보는 전기제품을 소비자들은 기꺼이 구입하였고, 에디슨은 물건을 팔아 번 돈으로 더 많은 신제품을 개발하였다. 결국 에디슨은 1,093개의 발명특허를 가진 발명왕으로 역사에 기록되었지만, 실험실에만 머물렀던 과학자가 아니라 실천적인 기업가이기도 했다.

미국 포드자동차의 창업자인 헨리 포드는 일부 귀족층의 사치품처럼 되어 있던 자동차를 세상 모든 사람이 타고 다닐 수 있도록 하겠다는 꿈을 가지고 가장 저렴한 비용으로 생산할 수 있는 자동차와 생산 공정을 설계하였다. 포드 시스템이라고 불리는 그의 생산 방식은 다른 산업에도 적용되어 대량생산 시대의 개막을 가능하게 하였다. 대량생산이 가능해지면서 물건들이 흔해지고, 비싼 사치품이 일반적인 생활필수품이 되었다.

우리나라에도 국산 자동차를 만들어서 국민 모두가 마이카를 타고 다닐 수 있도록 하겠다는 꿈을 꾼 현대의 고 정주영 회장, 밀수품인 외제 복지 대신 국산 양복지로 만든 옷을 국민 모두가 입을 수 있도록 해야겠다는 생각으로 제일모직을 설립한 삼성의 고 이병철 회장 등의 기업가가 있다.

이러한 기업가정신의 특징을 슘페터는 창조적 파괴, 즉 혁신이라고 불렀다. 기업가의 이러한 혁신은 인류생활의 질을 향상시키고 세상을 발전시키는 원동력이 된다. 결국 자본주의사회에서 경제발전과 생활수준 향상의 중심적 역할을 수행하는 것이 바로 기업가인 것이다.

4. 기업가에게 요구되는 능력

현대 기업에서 기업가에게 필요로 하는 대표적인 능력은 '기업가정신'과 '관리자정신', 그리고 '리더십'이다.

'기업가정신'은 "현 상황에 만족하지 않고 스스로 문제를 찾아내어 변화시키고 혁신시키는 것"이라 할 수 있다. 지금까지 안정되게, 혹은 관행으로 진행되어 왔던 틀을 깨고, 남들보다 한 발 앞선 실천력으로 새로운 환경을 만들어 나가는 능력이다. 스스로 어떠한 일을 하기 시작해서 궤도에 오르면 실무자에게 맡기고 자신은 또 다시 새로운 일을 만들기 시작하는 식의 적극적인 능력을 말한다.

'관리자정신'이란 "안정을 유지하고 조직의 효율성을 조절할 수 있게 하는 것"이라 할 수 있다. 이것은 일단 경영목표를 세우고 나면 이를 흔들림 없이 실행하고 목표를 달성하기 위해 조직을 효율적으로 관리하는 능력이다. 그러기 위해서는 어떠한 상황에서도 냉정을 유지하며 강인한 정신력과 의지를 갖추어야 한다. 관리자정신은 일정한 틀 속에서 최적의 조건을 찾아서 실천할 수 있는 능력이다. 따라서 성공적인 기업경영은 '기업가정신'과 '관리자정신'이 모두 필요하다.

'리더십'은 앞에서 서술한 두 능력을 발휘하기 위하여 우수한 인재를 선발하여 이들을 적시적소에 잘 구분하여 적절히 응용하는 능력이라 하겠다.

2절 기업가정신의 이해

1980년대 후반 미국의 여러 경영대학원에서 '기업가론' 또는 '기업가정신'이란 교과 과정을 신설하면서 그 중요성이 커지기 시작하였다. 주로 성공한 세계적인 창업자를 중심으로 ① 생애와 경영이념, ② 기업가와 기업문화, ③ 기업가와 사회적 책임, ④ 기업가의 경영전략, ⑤ 기업가의 사상과 사회보국 등으로 강의가 진행되어 왔다.

기업가란 무(無)로부터 유(有)를 창조하듯이 현재 경영하고 있는 대규모의 기업을 창업한 사람이라고 할 수 있다. 새로운 사업을 창업하고 모험심이 왕성하며, 도전정신과 신용과 책임제일주의로 인간중심의 경영을 한 창업자정신을 가진 자를 말한다. 기업가정신이란 창의성과 혁신, 가치창출 등의 능력을 갖고 빈손으로 거대한 집단의 부(富)를 이룩한 창업자적 전문경영자의 정신이라고 규정하기도 한다. 기업가정신을 천부적인 재능, 타고난 능력, 천재적 영감(靈感) 또는 '천재의 번뜩이는 아이디어'로 봐야 할 것인가? 그렇지 않다. 기업가정신이란 체계적으로 가다듬고 키워 나가야 하는 과업으로 여겨야 한다.

(1) 기업가정신의 개념

기업가정신은 위험이 있는 새로운 사업을 운영하기 위한 경영자의 창의적이고 모험적인 성향을 의미한다. 한정된 자원에 구애됨이 없이 새로운 사업기회를 추구하는 정신이라고 볼 수 있다. 하버드 비즈니스 스쿨의 하워드 스티븐슨(Howard H. Stevenson) 교수는 '기업가정신에 대한 고찰'(A Perspective on Entrepreneurship)이라는 논문에서 "기업가정신이란 기업을 설립하거나 혁신 또는 위험을 감수하는 정도"라고 정의하였다. 즉, 새로운 아이디어, 업종, 기업체 등의 객체가 아닌 기업가적 마인드(entrepreneurial mind)를 의미한다. 이를 구체적으로 설명하면 다음과 같다.

1) '할 수 있다'라는 신념의 정신

기업가정신은 '어떠한 어려움이 있더라도 할 수 있다'라는 신념의 정신이다. '할 수 있다'라는 정신은 이른바 '캔두이즘'(can-do-ism)이라 하는데, 이는 어떠한 어려움이 있다고 하더라도 기업가의 본래의 기능을 적극적으로 달성·수행하고자 하는 마음가짐, 즉 경영이념을 의미한다. 출자를 담당하는 기능, 경영혁신을 통한 창조정신, 리더십을 발휘하는 도전정신과 할 수 있다는 신념의 정신(can-do-ism), 그리고 스스로 위험을 극복하는 도전과 개척정신 등이 대표적이다.

2) 고객제일주의 정신·인재양성주의 정신

기업가정신 속에 가지고 있는 경영이념은 사업보국주의, 경영합리주의, 고객제일주의, 인재양성주의, 사회적 책임주의로 요약된다. 그런데 현대기업에서는 자본과 경영이 분리되는 것이 일반적이다. 따라서, 자본에 대한 출자기능을 맡는 사람과 별도로 경영 및 관리기능을 전문으로 맡는 경영자를 전문경영인이라고 한다.

3) 전문경영인의 신기업가정신

전문경영인은 자기가 맡고 있는 기업이 요구하는 구체적인 경영행위와 시장 전체의 전반적 상황에 따라 충실하게 경영 및 관리기능을 다해야 한다. 따라서, 전문경영인은 창조와 혁신을 통해 기업의 존속과 성장을 위한 적극적 리더십을 발휘하지 않으면 안 되는데, 이러한 기업가정신을 종래의 기업가정신과 대비하여 신기업가정신(new entrepreneurship)이라 한다. 즉, 투철한 윤리의식과 기업자산에 대한 건전한 수탁자로서의 사회적 책임을 자각하고 선량한 관리자로서 기업경영 활동을 수행해야 한다.

(2) 혁신의 유형과 기업가정신

기업가정신은 곧 혁신정신이다. 혁신은 이노베이션이다. 그러나 혁신에도 유형이 있다. 구조적 혁신, 통상적 혁신, 틈새시장 창조, 그리고 혁명적 혁신이다.

1) 구조적 혁신

구조적 혁신은 신기술을 도입하여 기존 생산체제를 구조적으로 혁신하고, 그에 따라 새로운 산업을 창조하는 혁신을 말한다. 1908년 포드에 의한 T형 자동차의 대량생산·대량소비시스템의 확립을 들 수 있다. 포드는 이전의 숙련공에 의한 주문형 생산 방식을 컨베이어벨트의 도입을 통한 대량생산 방식으로 바꾸어 자동차의 가격을 크게 낮추는 혁신을 주도하였다. 그리고 임금을 대폭 인상함으로써 구매자들의 구매력을 끌어올려서 더 많은 자동차를 구매하도록 하였다.

2) 통상적 혁신

구조적 혁신에 의해 출현한 새로운 생산체제는 통산적 혁신을 거쳐 안정화 된다. 이 혁신은 기존의 기술·생산체계를 한층 세련, 강화함과 동시에 기존의 시장·고객과의 연결을 유지·강화하여 가는 혁신이다. 이 단계의 혁신의 본질은 새로운 발명·발견에 있는 것이 아니고 더 저렴하고 양질의 제품을 생산·판매하는 것에 있다. 통상적 혁신에 있어서 기업가정신의 특징은 다음과 같다.

① 기업의 계속성을 유지·강화하기 위한 장기전략을 입안·실행하는 과정에서 연구개발, 제조, 판매의 각 단계에서 점진적인 혁신을 추구한다.

② 대량생산에 의한 규모의 경제를 실현하면서 한편으로는 고품질을 유지하는 생산·판매 프로세스를 설계·관리한다.

③ 종업원이 지속적이 혁신을 추진할 수 있도록 조직관리를 한다.

3) 틈새시장 창조

틈새시장 창조를 통한 혁신은 기존의 기술·생산체계를 결합 혹은 세련되게 함으로써 새로운 시장을 창조하거나 판매조직의 강화 또는 기존의 유통채널의 결합 등을 통해 새로운 시장을 창출하는 혁신을 말한다.

이와 같은 틈새시장 창조형의 혁신을 수행하는 데 필요한 기업가정신으로는 시장·소비자의 요구를 분석적 또는 직관적으로 파악하여 기존의 기술·생산체계에 입각하면서도 새로운 제품을 만들어낼 수 있는 능력이 요구된다.

4) 혁명적 혁신

혁명적 혁신은 기존의 기술·생산체계를 전면적으로 파괴하면서 기존의 시장·소비자와의 연결을 한층 강화하는 혁신이다. 예를 들어, 1940년 미국의 자동차회사인 제너럴 모터스(GM)은 기존의 수동변속기를 자동변속기로 전환시켜 자동차업계에 일대 혁명적 혁신을 일으켰다. 또한, 트랜지스터를 들 수 있는데 이것은 처음에는 진공관의 대체물로만 인식되었지만 이후 반도체, 컴퓨터, 정보통신이라는 새로운 산업을 연달아 창조하여가는 혁신으로 전개되었다. 혁신의 발전 과정으로 말하면 자동변속기는 혁명적 혁신으로부터 통상적 혁신으로, 트랜지스터는 혁명적 혁신으로부터 구조적 혁신으로 이행되었다.

혁명적 혁신에 있어서 기업가정신의 특징은 다음과 같다.

① 기술의 응용에 머무르지 않고 기초과학에 대한 이해력을 갖는 과학기술 집약형이다.

② 구체적인 경영능력을 갖지 못하는 경우가 많아서 기술자와 경영자가 협력하여 기업을 운영하는 경우가 많다.

③ 혁명적 혁신이 창조적 혁신으로 승화되기 위해서는 기업가적 경영자질이 요구된다.

혁신의 유형은 위에서 언급한 것과 같이 크게 4가지로 구분되며 유형마다 다른 형태의 기업가정신을 필요로 한다는 것을 알 수 있다. 일반적으로는 구조적 혁신과 혁명적 혁신은 통상적 혁신으로, 혁명적 혁신은 구조적 혁신으로, 그리고 통상적 혁신에서 틈새시장 창조로의 발전 형태를 나타낸다. 그러나 이 같은 혁신의 발전이 항상 순조롭게만 진행되는 것은 아니다. 예를 들면, 구조적 혁신에 뛰어났던 미국이 1970년 이후 일본 등에 비해 상대적으로 통상적 혁신을 효율적으로 수행하지 못하여 제조업의 경쟁력이 저하된 경우를

[그림 1-1] 기업가정신과 환경 요인

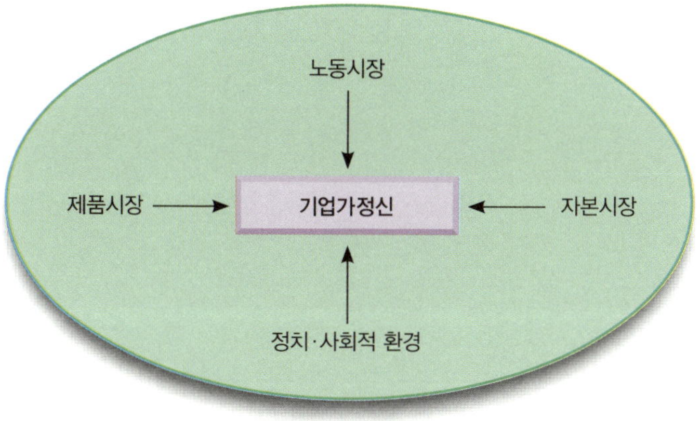

보면 그렇다. 특히 어려운 것은 통상적 혁신으로부터 구조적 혁신이나 혁명적 혁신으로의 이행이다. 그 이유는 각각의 혁신과 맞는 환경 요인이 존재하고 그것은 국가별로 또는 시기별로 상이하기 때문이다. 그러한 환경 요인으로는 노동시장, 제품시장, 자본시장, 정치·사회적 환경 등이 있다. 혁신의 초기에는 환경 요인이 제약 요인으로서 작용하는 측면이 있지만 어떤 계기에 의해 혁신이 나타나면 그것은 환경 요인에 반작용하여 새로운 환경 요인을 만들어가게 된다. 즉, 노동시장, 제품시장, 자본시장, 정치·사회적 환경을 새로운 형태로 변화시킨다. 예를 들면, 선진기술을 도입하여 통상적 혁신을 수행하는 기업은 경제경험에 의한 학습효과를 통해 우수한 인력을 양성해 낼 수 있다. 이들 인력은 보다 높은 수준의 통상적 혁신, 또는 혁명적 혁신이나 구조적 혁신을 수행할 수 있는 기반이 된다.

통상적 혁신을 통해 요소기술에 관한 지식이 축적되고 그것을 극한까지 축적해 가다보면 낡은 시스템 속에서는 해결할 수 없는 불균형이 발생하게 된다. 이때 이러한 불균형을 해결하는 노력을 하다보면 구조적 혁신이나 혁명적 혁신이 나타날 수 있다.

2장 창업과 창업가정신

1절 창업과 창업가 특성

1. 창업의 정의

기업가정신과 창업은 뗄레야 뗄 수 없는 관계가 있다. 창업에 대한 개념은 개개인의 전공, 관심, 주관 또는 접근 방법에 따라 다를 수 있으므로 모두가 공감할 수 있는 보편적이고 일반화된 정의를 내리는 것은 어렵다.

Ronstadt(1984)는 "창업(entrepreneurship)은 점진적인 부(incremental wealth)를 창조하는 동적인 과정이다. 이러한 부는 재산, 시간, 그리고 또는 자신의 장래를 담보하고 위험을 감수하려는 사람들에 의해서 창조된다. 창업가들이 제공하는 제품이나 서비스는 새롭거나 독특하지 않을 수도 있으나 그들은 필요한 기술이나 자원을 활용하여 가치를 불어넣어 주어야만 한다." 라고 하였다.

또한 Hisrich와 Brush(1985)는 "창업이란 수반되는 재정적·심리적·사회적인 위험을 감수하고 필요한 시간과 노력을 투자하여 가치 있는 새로운 무엇인가를 창조하고 금전적인 보상과 개인적인 만족, 그리고 독립심을 누리려는 과정"이라고 정의하였다.

이들 정의를 종합해 보면 창업이란 새로운 가치를 창조하는 과정으로써, 필요한 시간과 노력의 투입을 요하며, 수반되는 위험을 감수해야 하지만, 성공적일 경우 금전적인 보상과 개인적인 만족감, 그리고 독립심을 보상으로 제공해 주는 것이라고 정의할 수 있다.

2. 창업가의 정의

그렇다면 기업가와 창업가의 차이점은 무엇인가? 흔히 우리는 현재 기업을 운영하고 있는 사람을 지칭할 때 '기업가'라고 하는 반면에 새로운 사업 아이템을 가지고 사업을 시작하려는 사람을 지칭할 때는 '창업가'라고 한다.

경제학의 관점에서 창업가(entrepreneur)란 노동력, 원자재, 자본 등의 자원을 본래 지니고 있던 가치보다 더 크게 만들 수 있도록 활용하는 사람 또는 변화, 혁신, 그리고 새로운 질서를 소개하는 사람이다.

한편, 심리학적인 관점에서 보면, 창업가란 무언가를 획득하기 위해서, 무언가를 실험하기 위해서, 무언가를 성취하기 위해서 또는 다른 사람의 권위로부터 탈피하기 위한 행동을 취하는 이들을 말한다.

기존의 경영자들 중에는 이들 창업가를 위협적인 시장 요소나 적극적인 경쟁자로 간주한다. 또는 이들 창업가들을 자신의 생산성이나 경쟁력을 증대시켜 줄 고객, 공급자 또는 동맹의 대상으로 간주하기도 한다. 창업가는 "사업을 시작하는 데 필요한 자원을 모으는 데 주된 책임이 있는 사람"이다. 또한, 창업가는 "새로운 제품이나 서비스의 혁신에 필요한 자원을 모으고 활용하는 사람"이다. 이러한 창업가의 정의에서 주목할 것은 혁신과 창업을 결합시키고 있다는 점이다.

오늘날 창업가에 대한 관심이 부쩍 높아지고 있는 이유는 창업가에 대한 개념이 과거와는 달라졌기 때문이다. 1990년대 초반만 하더라도 창업가라면 특별한 교육이나 훈련 또는 금융기관이나 전문가들의 도움이 없이도 자신의 사업을 끌고 가는 강인하고 용감한 사람들로 생각했다. 또한 과거에는 창업가들은 육감이 뛰어나며 강력하고 독립적인 성향을 가진 중소기업의 설립자로 간주되었으며 창업가는 태어나는 것이지 만들어지는 것이 아니라고 생각했다.

그러나 오늘날에는 경영환경을 분석하기 위한 방법이나 기술에 대하여 훈련을 받고, 자신들의 두뇌에 의존하는 소위 전문창업가들이 등장하고 있다.

오늘날 창업가들은 자신들과 투자자들 모두를 위한 부를 창조해 낼 수 있는 훌륭한 회사를 구축하려는 의도를 가지고 있는 것으로 인식된다.

특히 최근 들어 전개되고 있는 세계화의 추세나 4차산업혁명 기술들은 소규모의 자본을 가진 사람들에게도 보다 폭넓은 분야에서 창의적인 창업의 기회와 성공의 가능성을 제시해 주고 있어 창업은 계속 늘어날 전망이다.

3. 창업가의 특성

창업가들은 위험부담, 성취감, 자율성, 일에 대한 열정 등 보통 사람들도 공통적으로 가지고 있는 성격들 중 일부에서 좀더 적극적이거나 또는 좀더 소극적인 경향을 나타낸다. 대부분의 창업가들에게 비교적 공통적으로 나타나는 성격을 중심으로 해서 살펴보자.

1) 위험부담경향

일반적으로 창업가들을 높은 이익을 위해서는 위험부담을 마다하지 않는 겜블러(gambler)로 생각하는 경향이 있는데, 이것은 잘못된 선입관이다. 남성이든 여성이든 창업가들은 단지 보통수준 또는 계산된 위험부담을 감수하려는 사람이다. 다시 말해, 창업가들은 위험부담률이 높은 사업을 불필요하게 추구하는 사람(risk seeker)들이라기보다는 어느 정도의 위험을 감수할 각오를 하는 사람(risk assumer)이라고 보는 편이 옳다.

2) 자율성과 통제

창업가들은 독립의 필요성을 강하게 느끼고 자율성을 추구하며, 스스로 결정을 내리고 싶어 하는 경향이 있다.

창업가들은 추종자가 되기보다는 자신들이 속해 있는 상황을 통제할 수 있는 리더가 되기를 원하며, 그들은 자신들이 주위의 사람들보다 모든 면에서 더 잘 할 수 있다고 생각한다. 그리고 창업가들은 통제력을 가진 자율성을 추구한다. 통제력이란 자신의 사업과 운명을 자신들이 스스로 통제할 수 있다고 느끼는 것을 말한다.

따라서, 창업가는 주위 환경을 통제하는 리더가 되고 싶어 할 뿐만 아니라 성공과 실패는 자신들 스스로에게 달려 있다고 믿는 사람들이다.

3) 성취욕구

성취욕구란 어려운 일을 성취하려는 것, 물질·인간·사상을 지배하고 조종하고 관리하려는 것, 그러한 일을 신속히, 그리고 독자적으로 해내려는 것, 스스로의 능력을 성공적으로 발휘함으로써 자긍심을 높이려는 것 등에 관한 욕구라고 심리학자들은 규정하고 있다. 이러한 성취욕구가 강한 사람은 성공에 대한 강한 욕구를 가지고 있다. 또 그들은 책임을 적극적으로 수용하며, 행동에 대한 즉각적인 피드백을 선호한다. 이러한 성취를 향한 욕구는 특정인이 창업가가 되기로 결심하는 가장 중요한 요소이다. 창업가들은 목표지향적이고 이익과 부의 획득, 기업성장의 실현, 신제품의 출시 등과 같은 도전적인 목표를 달성하기 위한 성취욕구에 의하여 강한 동기부여가 된다.

4) 모호함에 대한 인내심

모호함에 대한 인내심이란 의사결정에 있어서 불확실한 부분을 인정하는 것이다. 이는 환경에 대해 완벽하지 못한 지식을 갖고 살아가는 것을 의미한다. 즉, 성공 여부, 경쟁자의 반응, 필요한 자원의 정확한 정도를 모르고 창업하려는 것을 의미한다. 창업가들이 매우 조직적으로 행동하고 모든 일에 있어 철두철미한 것처럼 보여도 이들 역시 불확실한 환경을 어느 정도 인정하는 자세를 가지고 있으며 통제불가능한 사실에 대해서는 더욱 관용적인 태도를 갖고 있다.

즉, 경영자들은 의사결정을 하는데 있어서 필요한 자료를 충분히 갖춘 구조적인 환경을 원하지만 창업가들은 다르다. 특히, 스타트업을 창업하는 경우 자신이 궁금해 하는 여러 가지 사항에 대해 충분한 정보를 갖고 있지 않은 경우가 많다. 따라서 의사결정에 있어 모호함에 대해 인내하는 태도는 창업가에게 반드시 필요한 자세이다.

5) 집중력과 결단력

집중력과 결단력은 창업가들에게 중요한 특성이다. 집중력과 결단력을 배경으로 창업가는 수많은 방해 요인들을 극복할 수 있으며, 상대적으로 약한 부분도 보완할 수 있다.

고도의 집중력은 모든 창업가들에게 요구된다. 창업가들은 지속적으로 큰 압박감 속에서 생활하기 때문이다. 처음 회사가 시장에 진출했을 때는 살아남아야 하고, 후에도 일정한 매출을 올리며 지속되어야 하고, 결국에는 성장해야 한다는 압박감이 있다. 스타트업은 창업가의 시간과 정서, 그리고 충성심을 요구한다. 따라서 집중력과 결단력이 필요하다.

6) 리더십

성공한 창업가들은 성공적인 리더십을 가지고 있다.

첫째, 이들은 갈등을 해소하는 능력이 뛰어나다. 항상 논리적이며, 어느 상황에서 설득을 해야 하며, 어느 때에 양보를 해야 하고, 또는 강요를 해야 하는지를 잘 알고 있다. 성공적인 스타트업을 운영하기 위해서 창업가는 종종 갈등을 일으키기도 하는 동업자와 내부의 다른 사람들은 물론 고객, 공급자, 재정적 후원자, 채권자 등과 좋은 관계를 유지하는 방법을 터득할 필요가 있다.

둘째, 성공적인 창업가는 상호 경쟁적이 아니라 상호 보완적이다. 창업가가 다른 사람에게 영향력을 미치고 통제하고, 권력을 가지고자 하는 욕구가 강할 때, 창업가가 다른 동료들을 압박하려는 성향을 가질 때, 기업은 종종 문제에 봉착하게 된다. 창업가는 본인이 다른 사람으로부터 대우받기를 희망하는 것처럼 다른 동료들을 대우해줘야 한다. 독재적이고 적대적이며 지배적인 경영 방식으로는 성과, 책임감, 그리고 결과를 갈망하는 사람들을 끌어들이거나 유지하기 어렵다.

셋째, 탄탄한 기업을 세우는 창업가들은 사업을 혼자서 진행한다는 것이 불가능하다는 것을 안다. 따라서, 적극적으로 좋은 사람을 끌어 모으고 팀을 형성하여 과업을 수행하고자 한다. 창업가들은 성취에 대한 성과를 공평히 배분하고, 각 사람들에게 분명한 책임감을 부여할 줄 안다.

7) 창의력, 자신에 대한 신뢰감, 적응하는 능력

성공적인 창업가는 자기 자신에 대한 신뢰감이 매우 높다. 그들은 성공이든지 좌절이든지 자신의 내부통제력에 의해 조절되며 자신이 과업의 성과에 절대적인 영향을 미치고 있다고 생각한다. 성공적인 창업가들은 세부적인 사항들에 대해 개념화하는 능력을 갖추고 있다. 그리고 현재의 상황에 만족하지 못하고 지속적으로 새로운 일을 진행하고자 한다.

창업가는 독립적이며 자기 자신에 대한 의존도가 매우 높은 혁신자이다. 창업자들은 모든 일에 대해서 적극적으로 주도권을 갖고 있다. 그들은 사업의 성공과 실패에 대해 기꺼이 책임을 지고자 한다. 그들은 문제를 해결하는데 주도적으로 행동하며, 리더십이 존재하지 않는 곳의 빈자리를 메우고자 노력한다.

성공적인 창업가는 적응하는 능력과 융통성이 있다. 그들은 본인들이 얼마나 일을 잘 진행하고 있는지에 대해 매우 궁금해 한다. 따라서, 그들은 자신의 성과를 향상시키는 방법을 알기 위해서 피드백을 적극적으로 찾아서 이용한다. 이 같이 창업가들이 피드백을 탐색하고 사용하는 것은 실패와 좌절을 통해서 학습하게 되고, 기대하지 않았던 것에 대응하는 습관을 기르는 데 핵심적인 요소이다. 같은 이유로 창업가들은 다른 사람의 의견을 수용하는 능력이 뛰어나고 개선점이나 배워야 할 점을 빠르게 학습한다.

성공적인 창업가들은 실패의 경험을 학습의 방법으로 활용하는 능력을 갖추고 있다. 그들은 실패하는 데에 기여한 자신의 역할뿐만 아니라 타인의 역할도 분명히 파악할 줄 안다. 그러므로 그들은 나중에 유사한 잘못을 피할 수 있다. 성공적인 창업가가 되기 위해서는 반복적이고 시행착오적인 과정을 자연스럽게 겪게 되는 것이므로 심각한 좌절과 실망은 학습 과정의 필수적인 부분이다.

8) 위임

창업가는 처음 사업을 시작할 때는 규모가 작기 때문에 거의 모든 분야에 관여하게 된다. 하지만 일단 회사가 정상궤도에 진입하고 계속된 성장을 거듭하면 할수록 창업가의 능력에는 한계가 오게 된다. 회사의 규모가 확대될수록 일부 업무에 대해서는 책임과 함께 권한을 위임해야 한다. 그리고 창업가는 업무가 계획에 맞게 진행되고 있는지를 점검하는 경영자세가 필요하다.

위임(empowerment)이란 기업의 특정 영역에서 자신의 권한을 포기한다는 의미가 아니라

- 회사의 성장을 위해 더욱 중요한 일에 전념하기 위하여,
- 필요한 능력을 갖추고 있는 사람에게,
- 대신해서 업무를 수행할 것을 부탁한 후 지속적으로 점검하는 것이다.

이렇게 위임한 업무가 잘 진행되기 위해서는 필요한 능력과 열정을 가진 책임자를 선발하는 것이 중요하다. 창업가는 위임한 일들이 효과적으로 진행되게 하기 위해서 회사의 방향과 목표를 설정하고 경영전략을 수립하며 중요한 사안에 대해 의사결정의 질을 높이기 위해 노력한다.

창업가는 자신의 사업에 도움이 되는 태도와 행동들에 집중하여 그것들을 더욱 개선시키고 연습하며, 필요 없는 부분은 제거하거나 약화시켜 성공의 확률을 높이고자 노력한다.

2절 벤처창업

요즘은 스타트업(Startup)이라는 말을 벤처기업보다 더 많이 사용한다. 그러나 본절에서는 벤처기업이라는 용어를 사용한다.

1. 벤처기업

벤처기업은 일반적으로 새로운 아이디어와 기술을 바탕으로 새로운 사업 기회를 추구하는 모험심이 강한 기업으로 정의된다. 이들 벤처기업의 창업과 시장진입은 시장의 정태적 균형을 깨고 새로운 변화를 가져오며, 또한 벤처기업의 국민경제적 기여가 산업구조 고도화를 통한 경제 활력 창출 및 생산성증대에 있다는 점을 감안할 때, 벤처기업의 역할을 다음과 같이 정리할 수 있다.

첫째, 벤처기업의 창업과 시장진입은 시장의 집중을 완화시키고 시장구조를 보다 경쟁적으로 만들어 시장의 효율성을 증진시킨다. 벤처기업의 시장진입과 성장은 비효율적 한계기업의 퇴출을 가져와 산업의 경쟁력을 높이기 때문이다.

둘째, 벤처기업의 창업과 성장은 새로운 고용을 창출한다. 신생벤처기업은 수년 내에 곧 도태되고 다시 창업을 시도하는 역동적인 과정을 밟는다. 그리고 신생기업의 출현으로 기존의 한계기업의 도태에 따른 고용기회의 상실이 보완된다. 그러므로 벤처기업은 신규고용창출에 큰 기여를 한다.

셋째, 새로운 기술개발과 아이디어를 통해 창업되는 벤처기업은 산업의 구조조정을 촉진한다. 벤처기업을 통해 첨단산업의 건강한 생태계가 육성된다. 일반적으로 첨단산업에서 기업의 업력이 짧고, 첨단산업에서 중소 벤처기업의 기술혁신 건수가 대기업에 비해 상대적으로 높은 것이 이를 입증한다.

넷째, 벤처기업은 기술혁신에 도전하는 성향이 높아 새로운 기술의 개발과 확산에 중요한 역할을 한다. 벤처기업은 기술혁신에 도전하는 기업이 많으며 그들의 기술개발 형태가 대학 및 연구소와 협동개발의 결과를 토대로 이루어져서 첨단기술의 사회적 확산에 기여하는 부분이 크다.

벤처기업의 발전단계는 다음과 같다.

첫째, 창업단계이다. 새로운 벤처기업이 창업을 준비하는 기간이다. 이 단계는 하나의 아이디어 또는 벤처를 정식사업체로 변환시키는 단계이다. 이 단계에서 주요한 업무는 시제품개발, 기술개발, 목표시장 설정 및 시장세분화를 포함한다. 이 단계에서는 자본의 충분성, 사업 확장가능성, 시장의 불확실성, 창업자 실행능력, 개인목표와 사업목표의 조화 등이 중요한 요인이다. 또한 이 단계에서는 현금 확보, 창업자 기술, 조직구조, 종업원 확보 등이 경영문제로 대두될 수 있다.

둘째, 상업화단계이다. 벤처기업이 강력한 성장전략을 구축하는 단계로서, 창업자와 자금 관련 요인의 중요성이 감소되는 반면에 관리적 시스템의 도입이 요구되는 단계이다.

셋째, 확장단계는 성장이 둔화되기 시작하는 단계이다. 이 단계에서 주요 관심은 생산과 판매를 포함한 유통문제이다. 즉, 구매, 생산계획, 산업공학, 재고·품질관리를 포함한 문제와 제조·운영에 관한 관리가 초점이 된다. 더욱이 임금, 재무, 보수유지에 관한 관리시스템도 더욱 중요해진다.

마지막으로 성숙단계이다. 이 단계에서는 판매수준이 안정화되고 혁신의 정도가 낮으며 관료적 조직구조의 특성을 보인다. 이 단계에서 벤처기업은 수익성 증대, 조직의 효율성, 공식화된 계획 및 통제시스템 구축에 노력한다.

2. 벤처기업의 성공조건

벤처기업이 아무리 뛰어난 아이디어를 가지고 있다고 해도, 또는 아무리 많은 자금을 끌어 모으고 우수한 제품을 만들어내고 많은 수요를 창출해 낸다 해도 하나의 완성된 기업으로서 철저하게 경영되지 않는다면 살아남기 힘들다.

피터 드러커는 '미래경영'이라는 저서에서 벤처기업이 성공하기 위해서는 4가지 원칙이 있다고 제시하였다.

- 시장에 초점을 맞추어야 한다.
- 재무계획, 특히 현금흐름과 미래 자본 수요에 대한 계획을 갖고 있어야 한다.
- 최고경영자팀을 구성해야 한다. 그것도 실제로 필요하기 훨씬 이전에, 그리고 확보할 여유가 생기기 훨씬 이전에 구성해야 한다.
- 창업자인 기업가 자신이 자신의 역할과 책임, 일의 범위, 그리고 다른 사람들과의 관계 등에 대해 현명한 결정을 내려야 한다.

벤처기업이 성공을 거두는 것은 대부분 예상치 못했던 시장에서, 예상치 못했던 고객이, 예상치 못했던 제품이나 서비스를, 예상치 못했던 용도나 목적으로 구매했을 때이다. 따라서 벤처기업은 이런 사실을 염두에 두어, 시장에 초점을 맞추고 시장지향적인 활동을 하지 않으면, 오직 경쟁자를 위한 기회를 창출하는데 그쳐버리고 만다.

벤처기업은 자신이 개발한 제품이나 서비스가 처음 목표로 하지 않았던 분야, 심지어는 전혀 알지 못하는 분야의 고객들에 의해 구매될 수 있다는 사실을 전제로 삼고 사업을 해야한다.

벤처기업은 시장에 초점을 맞추고 시작하여야 한다. 벤처기업에게 필요한 것은 보편적인 기업가의 성향과 반대로 나아가는 것이다. 다시 말해서 예기치 못한 성공과 예기치 못한 실패 등 예기치 못했던 것들을 '예외적인 것'으로 취급해버리고 무시해서는 안 되는 것이다. 벤처기업의 경영자들은 이런 예기치 못한 것들을 기회로 인식하여 체계적으로 관찰할 필요가 있다.

예기치 못했던 시장에서의 예기치 못했던 관심이 진정한 잠재시장을 암시하는지 혹은 일시적인 호기심에 불과한지를 파악하는 데에는 많은 비용이 들어가는 것은 아니다. 단지 약간의 체계적인 작업이 필요하다.

그렇기 때문에 벤처기업을 경영하는 사람은 시장 현장에 직접 나가서 많은 시간을 보내야 한다. 시장에서 고객들, 그리고 자사의 판매요원들과 더불어 시간을 보내면서 직접 보고 들어야 한다. 자기 회사가 만든 제품과 서비스가 시장 내 곡객들에게 어떻게 인지되고 사용되고 있는지를 고객보다 더 잘 알고 있다고 생각하는 것은 큰 오류이며 위험이다. 기업이 돈을 버는 것은 고객의 요구를 변화시키는데 대한 대가가 아니라 고객을 만족시킨 것에 대한 대가라는 사실을 인식하고 있어야 한다.

재무지향적인 자세의 부족, 그리고 적절한 재무정책의 결여는 벤처기업의 성장 초기단계가 아닌 그 다음 단계에서 봉착하는 문제 중 하나이다. 그 원인으로는 첫째, 오늘을 위한 현금의 부족, 둘째 사업확장에 필요한 자본 조달능력부족, 셋째 지출, 재고, 채권의 관리미숙 등이 있다. 창업자들 가운데 돈에 무관심한 사람은 매우 드물다. 그들은 이익에 초점을 맞춘다. 그러나 그것은 올바른 자세가 아니며 오히려 뒤로 미루어두어야 한다. 이익보다는 현금흐름, 자본조달, 그리고 재무통제가 더 우선되어야 한다. 이러한 것들이 해결되지 않은 상태에서는 이익을 나타내는 숫자들은 단순히 허구에 불과할 뿐이다.

벤처기업이 성장하기 위해서는 계속해서 더 많은 현금과 자본을 투입해야 한다. 그렇기 때문에 벤처기업에서는 현금흐름의 분석과 예측, 그리고 관리가 필수적이다.

벤처기업은 어느 정도의 자금이 언제쯤 어떤 목적으로 필요로 하게 될지 1

년 정도 앞서 예측하고 계획을 세워야 한다. 왜냐하면 벤처기업은 언제나 자신의 자본구조를 뛰어넘어 성장해 나가기 때문이다. 어느 정도의 성장을 이루게 되면 사적 자본만으로는 부족하게 된다. 따라서 주식공개를 하거나, 기존의 기업과 합작을 하거나, 또는 보험회사나 연금·기금으로부터 자금을 조달하는 등 좀 더 규모가 큰 자금원에 접근할 수 있는 방법을 모색해야 한다. 따라서, 벤처기업은 성장에 필요한 자금을 관리할 수 있는 재무통제시스템을 구축해야 한다.

벤처기업이 창업가 혼자 경영을 하기에는 벅찰 만큼 크게 성장하였을 때는 최고경영자팀이 구성되어야 한다. 경영자팀을 구축하는 데 있어 창업가는 자신의 강점에 부합하지 않는 주요 활동들에 대해서는 관여하지 않겠다는 원칙에서 출발하는 것이 바람직하다. 경영자팀을 구성하는데 있어서 각각의 주요한 활동들은 그 분야에서 이미 능력이 증명된 사람에게 맡겨져야 한다. 벤처기업은 최고경영자팀에 의한 균형 잡힌 경영관리를 필요로 하는 시점에 도달하기 전에 팀을 구축해야 한다. 창업가 1인체제의 경영이 더 이상 작동을 하지 않게 되는 시기가 도래하기 훨씬 전에 창업가는 동료들과 함께 일하는 법을 배우기 시작해야 한다. 동료들에게 어떤 공헌을 기대해야 할지 배워야 하고, 또한 동료들이 자신에게 어떤 공헌을 기대하는지에 대해서도 배워야 한다. 창업가는 부하들 위에 군림하는 대장이 아니라 팀의 리더가 되는 법을 배워야 한다.

3장 4차산업혁명시대와 기업가정신

1절 4차산업혁명의 도래

2000년대를 살고 있는 우리는 4차산업혁명이 도래했음을 안다. 산업혁명은 말 그대로 혁명이다. 그럼에도 불구하고 우리는 이 사실을 심각하게 인지하지 않은채 무덤덤하게 살고 있다. 산업혁명이라는 말보다는 '세상이 변했다'라는 말을 더 자주 쓰기 때문이다. 산업혁명은 영어로 Industrial Revolution이라고 한다. 여기서 우리가 주목해야 할 점은 혁명이라는 단어이다. 혁명을 위키피디아에서 찾아보자. 다음과 같이 되어 있다. 즉, 혁명이란 라틴어로 revolutio이다. 이 단어는 '분기점' 이라는 의미로서 구체제가 사라지고 새로운 체제가 들어서는 것을 말한다. 여기서 체제란 정치, 경제, 사회 체제를 말한다. 체제라는 말 대신에 질서라는 말로 대신할 수도 있다. 문제는 그 변화의 속도이다. 혁명은 구체제가 한순간에 무너지고 신체제가 들어서는 상황을 말한다.

역사를 통해 우리는 여러 혁명을 인지하고 있다. 즉, 프랑스혁명(1789~1799), 러시아혁명(1917년), 1940년대 중국혁명, 1959년도 쿠바혁명 등이다. 우리나라도 1894~1895년도에 일어난 동학혁명이 있다. 산업혁명도 혁명이기 때문에 이 같은 혁명이 갖는 일반적인 특성을 그대로 가지고 있다. 즉, 갑자기 일어난다는 점에서 혁명과 동일한 특성을 갖고 있다. 또한 산업혁명 결과 잃는 자와 얻는 자가 발생한다는 점에서도 혁명과 유사한 특성이 있다. 여기서 잃는 자란 혁명으로 인하여 기득권을 빼앗기는 계층이다. 얻는 자란 혁명으로 인하여 새로운 경제·정치적 이득을 보는 계층이다.

산업혁명을 통하여 얻는 자란 그러한 산업혁명으로 인하여 경쟁력이 강화되고, 시장 내에서의 지배력이 더 커지며, 고객들에게 더 강력한 브랜드 파워를 행사하게 된 기업은 산업혁명의 수혜자다. 반면, 산업혁명으로 인하여 시장 내에서 누리던 기득권을 빼앗기고 시장지배력을 상실하여 시장에서 퇴출되는 기업은 산업혁명의 희생자다. 우리가 4차산업혁명을 얘기할 때에 혁명이라는 의미를 놓치고 얘기하는 우를 범해서는 안되는 이유가 여기에 있다. 산업혁명도 혁명이기 때문에 이로 인하여 잃는 자와 얻는 자가 생기기 때문이다. 산업혁명은 기존의 산업질서가 무너지고 (그것도 빠르게) 새로운 산업질서가 들어서는 현상이다. 산업질서란 모든 직장, 상거래 등을 지배하는 눈에 안보이는 질서이다. 1960, 70년대만 하더라도 우리나라는 고도 성장시기였다. 그 당시는 화학공학, 섬유공학 등이 큰 인기를 끌었다. 당시 컴퓨터공학은 전망 있는 분야이기는 하였지만 전통적인 중후장대산업인 화학, 섬유 등의 분야보다는 여러 가지 면에서 신생분야였다. 그러나, 지금은 어떠한가? 인공지능 이라는 한단어로 정의되는 세계가 아닌가? 컴퓨터공학은 인공지능을 연구하는 대표적 학문 분야로 자리매김하였고, 인공지능은 이제 일반 인문사회뿐만이 아니라 우리의 모든 산업질서를 재편하는 핵심 키워드로 등장하였다. 그리고 그러한 추세는 더욱 더 강화될 것임이 분명하다.

그렇다면 4차산업혁명은 무엇인가? 지난, 1, 2, 3차산업혁명과는 무엇이 다른가? 1차산업혁명은 1760년대에 증기기관의 개발로 영국의 면직물 공업에서 시작된 산업혁명을 의미한다. 1차산업혁명 이전의 사람들은 농사 또는 수공업으로 제품을 생산했다. 하지만, 1차산업혁명 이후에는 석탄과 증기기관의 활용으로 인해 대량생산이 가능한 공장들이 생겨나기 시작했다. 또한, 증기기관차와 증기선의 등장으로 생산된 제품들을 보다 쉽게 운송할 수 있게 되었다. 이렇게 공장들이 생겨나자 농사를 짓던 사람들이 공장 주변으로 몰려들어 도시가 되었다. 이때의 큰 공장 도시들은 증기기관 활용을 위한 물을 확보해야 했기 때문에 강 주변에 생겨났다. 이러한 1차산업혁명은 영국을 중심으로 유럽 전역과 북미로 퍼졌고, 2차산업혁명이 일어나기 전까지 100년이라는 시간에 걸쳐 산업 전반에 걸쳐 엄청난 변화를 일으켰다.

2차산업혁명은 19세기 중후반부터 20세기 초까지의 거대한 산업질서의 변화를 말한다. 이때의 가장 중요한 변화는 동력원의 변화였다. 즉, 과거 석탄 의존적인 체제에서 석유 의존적인 체제로 전환한 것이다. 이로 인해, 증기기관에 의존하던 자동차가 석유를 이용하는 내연기관을 활용하게 되면서 에너지 효율성이 크게 증대되었다. 또한 전기가 등장하면서 산업 전반에 획기적인 생산성 증대가 이루어졌다. 그리고 이 같은 전기동력은 공장자동화를 빠른 시간 안에 가능하게 하였고, 이는 미국 포드자동차가 자랑하는 컨베이어 기반 자동차 조립공정이라는 혁신을 이루는데 큰 기여를 하였다. 제조업 분야에서의 이 같은 혁신은 획기적인 원가절감, 표준화된 제품의 대량생산으로 이어지면서 산업 전반이 비약적인 발전을 하였다.

3차산업혁명시대는 20세기 후반부터 컴퓨터에 의한 디지털 혁신으로 시작되었다. 특히 개인용 퍼스널 컴퓨터, 즉 PC의 등장은 지금까지 알고 있던 기계중심의 산업현장의 모습을 PC로 연결된 디지털화된 제조공정으로 변혁시켰다. 따라서, 3차산업혁명은 정보기술혁명 또는 IT혁명으로 요약된다. 그리고 3차산업혁명이 그 영향력을 더욱 끌어올리게 된 계기는 인터넷의 도입이다. PC와 인터넷이 결합되는 순간 거대한 디지털산업혁명의 물결이 산업, 사회, 경제, 문화, 경제, 정치 등 거의 모든 분야를 그 뿌리부터 변화시켰다. 개인이 자기의 PC를 이용하여 인터넷과 연결되면서 엄청난 규모의 전세계 PC 사용자들이 연결된 네트워크화된 새로운 산업환경이 형성되었다. 그리고 이는 네트워크화된 기업환경을 만들었고 작업자와 근로자 간 활발한 커뮤니케이션과 정보 공유가 가능하게 되었다. 기존의 전통적 기업들이 디지털 혁신으로 무장한 새로운 유형의 인터넷 기반의 기업들의 도전앞에 속절없이 무너지면서 새로운 산업 생태계가 형성되었다. '팡' 또는 'FAANG' 이라는 이 신조어는 3차산업혁명시대의 아이콘으로 불리우는 5개 회사 이름의 앞글자로 만들어진 말이다. 즉, 페이스북, 아마존, 애플, 넷플릭스, 구글의 앞 글자로 만들어진 이 단어는 4차산업혁명으로 이어지는 산업계의 거대 변화의 흐름을 잘 보여준다.

그렇다면 4차산업혁명은 이전의 산업혁명들과 어떤 점에서 차이점이 있을까?[1)]4차산업혁명이라는 용어는 2016년 1월 스위스 다보스에서 열린 세계경제포럼에서 최초로 언급되었다.[2)] 4차산업혁명은 3차산업혁명인 IT혁명에 이은 정보통신기술, 즉 ICT (Information and Communication Technique) 혁명이다.[3)] 4차산업혁명의 특성을 요약하면 다음과 같다.

첫째, '인더스트리 4.0'이라는 이름 하에 4차산업혁명을 국가적 차원에서 이끌어나가고 있는 국가 중 하나인 독일은 4차산업혁명을 IT와 실제 설비가 결합된 이른바 가상 물리시스템, 즉 CPS(Cyber Physical System)와 사물인터넷(IoT: Internet of Things)이 주도하는 것으로 보고 있다.

둘째, 4차산업혁명의 물결속에서 사람과 사물, 사물과 사물이 서로 연결된 초연결, 초지능환경이 우리의 모든 산업현장과 일상생활을 지배할 것이다.

셋째, 4차산업혁명은 인공지능혁명이다. 앞에서 설명한 '팡'은 4차산업혁명을 주도하는 기업들이다. 이 기업들의 핵심 역량은 인공지능에 있다. 넷플릭스의 경우 인공지능을 이용하여 획기적인 추천시스템을 만들었고 이로 인하여 넷플릭스 사용자의 만족도를 크게 끌어올려 영화-드라마 동영상 온라인 트리밍 서비스 시장에서 지배적인 위치를 확보하였다.

이같이 인공지능이 기업경쟁력의 핵심 경쟁무기로 등장한 시대가 4차산업혁명시대이다.

---

1) 이민화(2017). 제4차 산업혁명의 선진국 사례와 한국의 대응전략. 선진화 정책시리즈, 14-107.
2) 정민(2016). 현안과 과제: 2016년 다보스 포럼의 주요 내용과 시사점. 이슈리포트, 2016(2), 1-12.
3) 김상윤(2016). 4차산업혁명의 핵심 동력. POSRI 이슈리포트, 2016(10), 1-13.

2절 기업가정신의 의미와 변화

4차산업혁명시대에서는 기업가정신이 그 어떤 시대보다 큰 주목을 받고 있다. 왜 그럴까 ? 과거 기업중심의 시대와 달리, 지금의 4차산업혁명시대에서는 개인이 부가가치 창출 활동의 주역이 될 수 있기 때문이다. 인공지능, 네트워크화된 IT환경, 사물인터넷, 가상 물리시스템 등으로 개인 컴퓨터 지능이 그 어느때보다 증대된 시대가 지금의 4차산업혁명시대이기 때문이다.

이같이 개인의 부가가치 창출능력이 크게 향상된 4차산업혁명시대에서의 기업가정신은 '새로운 부가가치를 창출할 수 있는 정신'을 말한다. 다른 말로 창업가정신이라고도 불리며, 외부환경 변화에 민감하게 대응하며 이에 대한 기회를 찾고, 이러한 기회를 잡아 가치를 창출하고자 하는 혁신적인 사고와 행동을 의미한다. 미국의 경제학자 조셉 슘페터는 기업가정신을 '위험을 감수하고 어려운 환경을 극복하여 기업을 키우려는 혁신의지'라고 정의하였다.[4]

기업가정신이라는 개념이 주목을 받게 된 것은 1970년대 이후 미국 내에서 실리콘밸리의 작은 기업들이 상대적으로 짧은 기간 동안에 세계적인 거대기업으로 성장하면서 부터이다. 그리고 이 같은 기업가정신의 아이콘으로 등장한 인물이 스티브 잡스였다. 그는 대학을 중퇴하고 애플이라고 하는 기업을 창업하고 기업가정신이 무엇인가를 보여주면서 애플에서 연이어 혁신적인 제품을 보여주었다. 그러나, 스티브 잡스가 보여준 기업가정신은 지극히 개인적이면서도 폐쇄적인 모습의 기업가정신이어서 이를 일반화하기에는 문제가 있다. 오히려 실리콘밸리라고 하는 지역이 갖는 개방적 업무문화와 근처에 있는 대학과의 연계가 기업가정신을 상징하는 혁신적 마인드를 길러내는 중추적 역할을 하였다.

유럽은 미국에 비해 기업가정신을 강조한 기간이 짧다. 유럽은 2000년부

4) J. A. Schumpeter(1934). *The Theory of Economic Development*. Harvard University Press, Cambridge, MA.

터 경제 침체를 극복하고 고용을 창출하기 위해 기업가정신을 활용한 정책을 펴나가고 있다. 유럽의 기업가정신 향상을 위한 오슬로 아젠다(The Oslo Agenda)는[5] 창업에 필요한 창의성, 진취성, 리더십을 강조한다. 한편, 유럽연합은 저성장, 고실업, 노령화 등의 문제를 해결하기 위한 유럽 2020 전략(Europe 2020 Strategy)을 세워서 역동적 청년, 새로운 기술과 일자리, 빈곤퇴치를 위하여 기업가정신 함양에 노력하고 있다.[6]

우리나라의 기업가정신은 1960년대에서 1980년대에 걸쳐서 삼성, 현대, 대우 등과 같은 대기업을 중심으로 한 기업가정신 발현을 시작으로 한다. 그러다가 2000년대 초까지 이른바 벤처기업 육성정책과 맞물리면서 1세대 벤처시대가 열렸다. 사실상 이 시기가 우리가 일반적으로 알고 있는 스타트업이 본격적으로 시작된 시기이다. 그러다가, 서브프라임 모기지에 이은 세계 경제위기를 벗어나기 시작한 2010년대 초반부터 지금까지 창업대중화 현상이 보편화되었다.[7] 오늘날은 청년실업이라는 사회적 문제 해결을 위하여 정책적 수단으로 창업대중화가 장려되어 누구든지 부담 없이 창업을 할 수 있는 린스타트업(lean startup) 현상이 오늘날 대한민국 기업가정신의 큰 물줄기를 이루고 있다.[8]

---

5) European Commission(2006). Entrepreneurship education in Europe: fostering entrepreneurial mindsets through education and learning. *The Oslo Agenda for Entrepreneurship Education in Europe*.

6) https://eur-lex.europa.eu/legal-content/EN/TXT/?uri=CELEX:52012DC0795 google

7) 김선우·김영환·이정우·손하늬(2017). [제4차 산업혁명 특별기획 ③] 4차 산업혁명 시대 기업가정신의 의의와 방향. STEPI Insight, (218), 1-36.

8) 김선우·고혁진(2017, July). 4차 산업혁명시대 기업가정신의 방향. In 한국창업학회 Conferences(Vol. 2017, pp. 96-105). 한국창업학회

3절 4차산업혁명시대에서의 개인의 대응전략

앞서 4차산업혁명의 의미와 그리고 기업가정신의 의미, 그리고 그 변화에 대해 살펴보았다. 이러한 4차산업혁명 시기에 개인 차원에서의 기업가정신은 어떤 방향으로 발현되어야 하는 것일까?

첫째, 개인은 4차산업혁명시대의 패러다임 변화를 정확히 인식해야 한다. 즉, 앞으로 은퇴와 정년퇴직 같은 개념은 사라질 것이다. 사람들은 정년과 관계없이 더 긴 기간을 일을 하게 될 것이며, 이에 따라 적어도 둘 또는 셋 이상의 직업을 경험할 것이다. 따라서 각 직업에 해당하는 새로운 전문성을 확보하는 것이 인생의 중요한 과제가 될 것이다.

둘째, 산업기반 자체가 인공지능기술로 전환되는 것을 당연하게 받아들일 줄 알아야 한다. 기존에 있던 휴먼 노동자들이 일하던 일자리들이 없어지고 인공지능 노동자로 대체되는 현상이 가속화되는 것에 대비해야 한다. 특히 단순반복적인 일자리는 거의 예외없이 인공지능 근로자로 대체될 것이다. 텔레마케터, 세무사, 회계사, 트럭기사, 변호사 등의 일자리가 인공지능 노동자로 대체되는 속도가 빨라질 것이다.

셋째, 인공지능이 쉽게 대체할 수 없는 인문중심, 인간중심의 사고를 함양해야 한다. 그리고 인공지능 친화적인 견문과 철학을 쌓아야 한다.

넷째, 인공지능 노동자와 휴먼 노동자가 함께 동료로서 일하는 이른바 인공지능 심비오틱 근로환경에 적응할 줄 알아야 한다.

New Machine Entrepreneurship

2부

인공지능시대의 기업가정신

4장 인공지능과 기업가정신

1절 인공지능이란 무엇인가?

요즈음은 주변 어디를 가도 인공지능이라는 말을 쉽게 듣는다. 정부, 민간기업, 공공기업, 학교, 예술, 군대, 문학 등 우리 사회 거의 모든 분야가 인공지능에 대해서 관심을 갖고 있는 것처럼 보인다. 그리고 만나는 사람마다 조만간 인공지능으로 인하여 전혀 새로운 세상이 곧 도래할 것 같은 희망과 두려움을 말하는 경우를 흔하게 볼 수 있다.

그만큼 인공지능에 대해서 관심을 갖고 인공지능으로 새로운 비즈니스를 꿈꾸는 사람들이 많기 때문이다. 더욱이 혁신적인 비즈니스 모델로 세상 모든 사람들이 기다리는 혁신 제품과 서비스를 출시하기 위하여 불철주야 노력하는 기업가들은 인공지능에 대해서 그 누구보다 정확한 이해를 할 필요가 있다.

그럼 인공지능이란 무엇인가 ? 영어로는 AI, 즉 Artificial Intelligence이다. 문자 그대로 휴먼지능(HI: Human Intelligence)은 자연지능이라면 이를 컴퓨터를 이용하여 모방한 지능이 곧 인공지능이다. 문제는 어떠한 방법으로 모방을 하느냐에 따라 인공지능에 대해 많은 이야기를 할 수 있다.

인공지능을 위키피디아에서 찾아보면 '인공지능' 즉, AI라는 단어가 어떻게 나오게 되었는지에 대해서 간단한 연혁이 나온다.[1] AI란 1956년 미국 다트머스 칼리지에서 열린 워크숍에서 당시 MIT의 존 매카시 교수가 제안한 용어이다. 즉, AI는 '지능적인 기계를 만드는 것과 관련된 공학 및 과학'을 표현하기 위하여 만든 용어이다. 당시 워크숍에 참가한 학자들은 훗날 '인공지능의 창시자이자 리더'라는 호칭을 받게 된다. 그들의 이름을 알아두는 것도 좋을 것이다. 이분들은 하나 같이 인공지능 분야에서 한 획을 그은 분들이기 때문이다. 즉, 카네기 멜론 대학(CMU)의 알렌 뉴웰, 허버트 사이먼, MIT의 존 매카시, 마빈 민스키, IBM의 아서 사무엘. 이분들 중 허버트 사이먼 교수는 훗날 노벨 경제학상을 받기에 이른다.

사실 당시에 학자들이 거둔 인공지능의 성과는 대단하게 여길만 했다. 당시 미국인들이 즐기던 체커(영어로는 Checkers)라는 보드게임이 있다. 사실 우리나라에서는 별로 인기가 없지만 서양에서는 그리스 시대 이전의 고전 중의 고전인 호머(Homer)의 오디세이(Odyssey)에서도 나올 정도로 역사를 자랑하는 게임이다. 인공지능이 처음 나올 때만 하더라도 인공지능으로 훈련시킨 컴퓨터가 어지간한 일반 사람들보다 체커게임을 더 잘 두었다. 그리고 초보적 수준이기는 하지만 논리학 정리(logical theorems. 예를 들어 피타고라스 정리)를 증명하거나 간단한 수준의 영어문장을 말할 수도 있었다.

1950년도 후반에 보여준 초기 인공지능의 이 같은 성과는 많은 학자, 실무자, 정치인, 그리고 언론을 흥분시켰다. 그리고 급기야 인공지능의 창시자인 허버트 사이먼 교수는 20년안에 인공지능 컴퓨터는 인간이 하는 일을 할 수 있을 정도의 지능을 갖출 것으로 예상하기도 하였다. 오늘날 시각에서 보면 너무 성급한 예측이기는 하지만 당시로서는 인공지능에 대한 무한한 가능성을 언급할 수 있는 충분한 여건이 조성되었기 때문에 가능한 예측이었다.

그러나, 지금의 인공지능은 바둑, 퀴즈, 의료, 군사, 예술, 무인자동차, 무인공장 등 수많은 분야에서 이미 전문가의 수준을 뛰어넘는 성능을 보여주고

1) https://en.wikipedia.org/wiki/History_of_artificial_intelligence

있다. 특히나 4차산업혁명이라는 단어가 2000년대를 사는 우리들에게 엄청난 의미로 다가오는 이유는 고도로 발달되어 가고 있는 인공지능이 우리들의 일자리를 앗아갈지도 모른다는 두려움 때문이다.

그렇다고 해서 막연히 두려움을 갖기보다는 인공지능의 핵심을 이해하여 인공지능을 기반으로 하는 새로운 비즈니스 모델을 만들어야 한다. 그리고 해당 비즈니스 모델을 이용하여 시장 내에서 게임 체인저가 될만한 제품과 서비스를 만드는 것이 시급한 과제로 등장하였다.

인공지능을 쉽게 이해하는 가장 좋은 방법은 머신러닝, 즉 기계학습으로 번역하는 인공지능의 학습기능을 이해하는 것이다. 학습기능이 없는 인공지능은 무의미하다. 주어진 자료를 사람이 학습을 시키든지 아니면 인공지능이 스스로 자율적으로 학습을 하든지 상관없이 진정한 인공지능이라면 학습능력이 뛰어나야 한다. 공부 잘하는 학생이 결국은 학습능력이 뛰어난 것과 같은 논리이다.

머신러닝의 대표주자는 인공신경망이다. 영어로는 Neural Network이라고 하고 영어 약자로는 NN이라고 표기한다. 인공신경망은 인간 두뇌가 수많은 뉴런과 이들 뉴런 간 연결선으로 이뤄진 점을 모방한 것이다. 인공신경망이 인공지능 머신러닝의 대표주자가 된 이유는 최근 성공적인 인공지능 성과의 대부분이 인공신경망의 학습 레이어를 여러 개로 중첩시켜서 만든 이른바 딥러닝(deep learning) 기법 때문이다.

딥러닝에는 여러 개의 머신러닝 기법이 존재한다.[2)]

- 우선 딥뉴럴네트워크(DNN: Deep Neural Network)라고 불리우는 DNN이 있다. 이는 여러 개의 은닉층을 중첩하여 사용하는 심층신경망이다.
- 합성곱신경망이라 불리우는 CNN(Convolutional Neural Network)이 있

2) https://en.wikipedia.org/wiki/Deep_learning

다.[3] CNN은 주어진 입력자료로부터 특성 값을 자동으로 추출하는 전처리 레이어를 사용하는 딥러닝 방법이다.

- 순환신경망이라고 불리우는 RNN(Recurrent Neural Network)이 있다.[4] 이는 뉴런의 출력 값을 다시 입력 값으로 순환시키는 특징이 있다. 그렇기 때문에 시간의 흐름에 따라 정보의 의미가 달라지는 시계열자료나, 또는 단어와 단어간 앞뒤 순서가 있는 문장인식 등에 탁월한 성과를 나타낸다.

한편, 머신러닝을 얘기할 때 빠뜨려서는 안되는 것이 있다. 지도학습, 비지도학습, 분류, 리그레션, 군집화, 특성추출, 레이블링이라는 말을 이해하는 것이다.[5] 하나씩 살펴보자.

- 우선, 최근 널리 사용되고 있는 인공지능 머신러닝 기법에는 베이지안 네트워크, 의사결정트리, 서포트 벡터 머신, 인공신경망 등이 있다. 이 같은 머신러닝 기법은 리그레션, 분류 작업에 능하다. 리그레션이란 영어로 regression이라고 하는데 이는 타겟변수가 연속적인 숫자로 구성된 실수값을 가질 때에 적용된다. 대표적으로 주가예측, 환율예측이 리그레션 작업에 해당된다. 분류란 영어로 classification이라고 한다. 이는 타겟변수가 범주형 값을 가질 때에 적용된다. 범주형 값이란, "예", "아니오" 또는 "여자", "남자" 또는 "1등급", "2등급", "3등급"과 같은 값을 말한다. 대부분의 머신러닝 작업은 분류 문제에 해당된다.
- 지도학습이란 영어로 supervised learning이다. 이는 입력 값과 출력 값을 동시에 주어진 상태에서 학습을 하는 머신러닝 방법이다. 말하자면 주어진 문제(입력 값)에 대한 답(출력 값)을 알려주고 학습을 시키는 머신러닝이다. 대부분의 머신러닝은 이같이 입력 값과 출력 값을 넣은 학습자료를 학습하는 것으로 되어 있다.
- 그런데 머신러닝으로 하여금 지도학습을 시키고 싶은데 하필이면 출력

3) https://en.wikipedia.org/wiki/Convolutional_neural_network
4) https://en.wikipedia.org/wiki/Recurrent_neural_network
5) https://en.wikipedia.org/wiki/Machine_learning

값을 모르면 어떻게 해야 하나? 그리고 가지고 있는 입력자료의 갯수가 몇만 개 정도 된다면 정말 난감해진다. 이경우 주어진 입력 값에 대해서 적정한 출력 값을 정하는 작업을 '레이블링'이라고 한다. 레이블이란 영어로 label이다. 우리가 흔히 라벨 이라고 쓰는 용어의 원래 발음이다. 따라서, 레이블링이란 labeling이라는 영어이고 이는 주어진 입력 값에 대해서 적정한 출력 값을 정하는 행위를 말한다. 입력자료 수가 많다면 그 많은 입력자료에 대해서 일일히 레이블링을 하는 것은 엄청난 노력과 시간을 요한다. 그러나 여기에도 방법이 있다. 이른바 준지도학습 방법을 적용하는 것이다. 영어로는 semi-supervised learning이라고 한다. 일부 입력자료에 대한 레이블링 작업을 하여 출력 값을 알려준 뒤 머신러닝으로 하여금 해당 자료에 대하여 지도학습을 하게 한다. 그리고 나서 거기에서 얻은 학습정보를 토대로 나머지 입력자료에 대해서 적정한 출력 값을 추정하여 레이블링을 한다. 준지도학습 방법은 새로운 출력 값을 모르는 학습자료를 토대로 지도학습을 할 때에 매우 긴요하게 사용된다.

- 비지도학습은 영어로는 unsupervised learning이다. 입력자료에 대한 정확한 출력 값을 모를 때 적용하는 방법이다. 대표적으로는 클러스터링 방법이 있다. 이른바 군집화 방법이다. 이는 주어진 입력자료를 몇개의 군집, 즉 클러스터로 묶으면 같은 클러스터 내에 묶여 있는 입력자료들은 유사한 출력 값을 가질 것으로 유추하는 방법이다.
- 분류란 영어로 classification이다. 출력 값이 실수(real number)로 되어 있는 숫자가 아니라 "여자, 남자", "예스, 노", "1그룹, 2그룹, 3그룹" 등 몇 개의 클래스로 표시되는 경우를 말한다. 분류작업을 위하여 사용되는 머신러닝 방법을 분류기, 영어로는 classifier라고 한다. 사실 인공지능 머신러닝에서 일반적으로 거론되는 방법들은 대부분 분류기법을 말한다. 분류기법의 성능을 표시하는 대표적인 측정치에는 정확도, 정밀도, 리콜, F1 측정치가 있다.
- 리그레션은 영어로는 regression이라고 한다. 분류와 달리 출력 값이 실수(real number)로 된 숫자로 되어 있을 경우이다. 리그레션에서 사실 출력 값을 정확히 맞추는 것이 매우 어렵다. 단위가 큰 숫자를 소숫점 몇째

자리까지 맞춘다는 것은 여간 어려운 일이 아니기 때문이다. 그래서 대개 리그레션 문제를 분류 문제로 변환하여 머신러닝을 수행하는 경우가 많다.

- 특성이란 말도 알아놓을 필요가 있다. 특성이란 속성이란 말로도 통용된다. 영어로는 feature라고 하는데 해당 입력 값을 구성하는 변수 중에서 출력 값과 상관관계가 높은 변수를 일반적으로 특성 또는 속성이라 한다. 그러다 보니 입력 값의 변수의 갯수가 많고 입력자료의 갯수가 많으면 많을수록(즉, 빅데이터의 경우가 대부분 이런 경우임) 머신러닝의 입장에서는 상당한 계산량을 감당하여야 한다. 그런데 주어진 입력변수 중 특성변수를 뽑아낼 수만 있다면 입력변수의 갯수, 즉 차원을 크게 줄일 수가 있고 계산부담도 줄일 수 있다. 이와 같이 주어진 입력변수 중에서 출력값에 영향을 미치는 특성변수를 추출하는 것을 특성선택 또는 속성선택이라 한다.[6] 영어로는 feature selection이라고 하며 대개 약자로 FS라고 한다. 여기서 주의하여야 할 것은 특성선택은 입력변수 중에서 선택하는 것이기 때문에 입력변수의 원래 형태를 유지한다. 반면 특성추출 또는 속성추출 방법도 있다. 이는 영어로 feature extraction 또는 약자로 FE라고 한다. 따라서, FE는 입력변수 중 몇 개를 전혀 다른 메커니즘으로 변환하기 때문에 원래 입력변수와는 완전히 다른 형태로 변환된다.[7]

2절 4차산업혁명과 인공지능

인공지능은 4차산업혁명시대의 핵심 기술이자 가장 중심이 되는 기술이다. 인공지능은 Artificial Intelligence의 의미 그대로 인위적으로 만들어진

6) 어균선·이건창(2019). 효과적인 오피니언 마이닝을 위한 최적속성선택에 관한 연구. 한국컴퓨터정보학회논문지, 24(2), 171–177.

7) 김동욱·나경기·한명묵·김미주·고웅·박준형(2018). 안드로이드 플랫폼에서 악성 행위 분석을 통한 특징 추출과 머신러닝 기반 악성 어플리케이션 분류. 인터넷정보학회논문지, 19(1), 27–35.

지능이다. 인공지능은 기계로부터 만들어진 지능이며 인간의 추론능력과 학습능력을 모방한다. 2000년대 이후 전세계적으로 인공지능 기반의 4차산업 혁명이 진행되면서 인공지능이 주요 산업의 중심으로 자리잡았다. 이에 주요 선진국들과 글로벌 기업들은 인공지능기술에 천문학적인 비용을 투자하고 있다. 인공지능기술은 산업 전반에 심대한 영향을 미치고 있으며 인공지능기술의 영향을 받지 않는 산업 분야는 없다고 해도 과언이 아니다. 지금의 시대를 지배하고 있는 기업들은 빅데이터를 수집하고, 이를 인공지능기법으로 분석하는 능력을 고도화 하고 있다. 해당 빅데이터는 고객행동, 제품 판매추이, 서비스 사용추이, 날씨, 정치, 경제 등을 망라하는 데이터들이다. 이러한 빅데이터는 양과 그 종류가 방대하여 세계 주요 기업은 딥러닝 기반의 인공지능기법을 적용하여 실시간으로 분석하고 있다. 그 결과물은 해당 기업 내 의사결정자들에게 실시간으로 제공되며 기업의 경쟁력을 향상하는 데 일조를 하고 있다.

인공지능기법이 직접적으로 생산성 향상에 큰 영향을 주는 사례는 인공지능기법 중 하나인 디지털 트윈(digital twin) 사례에서도 찾아볼 수 있다. 디지털 트윈이란 현실세계를 가상세계로 복제화하고 동기화 하는 인공지능기술이다.[8] 현실세계에서는 특정 시설물이나 부품을 직접 바꾸거나 교환하는 것이 여의치 않다. 또한 거대한 제조라인으로 꽉 차있는 공장 내 생산라인에서는 계속 기계가 돌아가고 있기 때문에 언제 어느곳에서 불량이 발생될 가능성이 있는지를 미리 알아내기란 거의 불가능에 가깝다. 그러나, 현실세계의 복잡한 공장라인이 그대로 가상세계내로 트윈처럼 복제화가 되었다고 하면 얘기는 달라진다. 현재 가동중인 공장라인을 방해하지 않으면서 가상세계로 복제화된 설비로 들어가서 부품 하나하나를 직접 확인하거나 제조라인상의 문제점을 미리 확인할 수 있다. 심지어는 공정라인을 일부 변경하고 그 효과가 어느정도 될 것인지를 미리 실험도 할 수 있다. 만약 더 좋은 개선이 가능하다고 판단되면 가상세계에서의 수정을 현실세계로 다시 반영하면 된다. 그

8) 방준성·이영호(2020). 스마트시티 실현을 위한 디지털트윈 기술 동향. 한국통신학회지(정보와 통신), 37(5), 11-19.

렇게 하면 가상세계에서 확인된 개선이 현실세계에서도 가능하게 된다. 독일 남부 바이에른주의 소도시 암베르크에 위치한 지멘스의 암베르크 공장은 이 같은 디지털 트윈 기술을 제조현장에 적용하여 현실세계와 가상세계를 통합한 획기적인 스마트팩토리를 운영하고 있다.[9] 이 공장은 디지털 트윈으로 가상세계로 복제가 된 현실 제조공정을 토대로 가상세계 내에서 불량품이 만들어질 수 있는 모든 가능성을 사전에 면밀하게 점검한다. 그 결과를 다시 실제 제조현장에 반영하여 제어함으로써 공정의 생산성을 14배까지 끌어올렸고 불량률을 거의 제로화 하는데 성공하였다. 또한 하루에 약 350회에 달하는 시스템 전환을 아무런 문제없이 수행할 수 있고, 약 1,200개에 달하는 각종 사양의 제품도 불량률을 제로화하면서 성공적으로 생산하고 있다. 이른바 모든 제조업에서 꿈처럼 여기는 '다품종 다량생산'이라고 하는 제조라인의 유연성을 극대화한 것이다. 이러한 유연성은 해당 공장으로 하여금 변화하는 시장으로부터의 각양각색의 요구사항에 대해서 실시간으로 대응할 수 있도록 하는 경쟁력의 원천이 될 수 있다. 이 같은 성공적인 성과로 인하여 지멘스의 암베르크 공장은 유럽 내에서 '올해의 공장'으로 선정되었다.

인공지능은 고용환경에도 큰 변화를 가지고 오고 있다. 2015년 4월 독일 연방정부에 의하여 발표된 독일의 노동 4.0(Arbeiten 4.0)은 4차산업혁명시대에 일어날 수 있는 고용환경의 변화를 잘 서술하고 있다.[10]

첫째, 인공지능을 활용한 도구들이 업무 프로세스에 빠르게 적용되어 기업 내 업무 프로세스가 효과적으로 관리되고 비효율성을 제거할 수 있다. 이 같은 결과는 업무 프로세스의 질적 개선으로 이어져서 고객만족으로 연결된다.

둘째, 탄력근무제 등의 도입으로 노동 형태가 유연화 되어 근로시간과 개인 시간의 명확한 경계가 모호해 질 것이다.

셋째, 인공지능시스템의 도입으로 단순한 조립업무와 낮은 숙련도의 행정·

9) 장재현·정재훈(2016). 스마트팩토리 산업인터넷 혁명의 서곡. LG Business Insight.

10) 김성국(2018). 제4차 산업혁명과 독일의 'Arbeit 4.0'의 과제와 전망. 유라시아연구, 15(1), 117-135.

서비스 관련 노동은 인공지능 노동자로 대체될 것이다. 그 결과 독일의 경우 2025년까지 단순업무 분야에서의 일자리가 약 61만 개 정도 감소될 것으로 추정한다. 그렇지만 인공지능 관련 IT와 연구 분야에서 새로운 일자리가 96만 개 정도 창출되어 사라지는 일자리를 상쇄할 것이라고 예상하고 있다.

이같이 인공지능은 생산과 노동과 관련된 환경뿐만 아니라 전체적인 생활 자체를 바꿀 것이다. 현재 첨단기술들은 인간의 내면적인 부분들에까지 접근하고 있다. 감정은 인간이 오랜 진화 과정을 거치며 생존을 위해 발달시킨 적응 기제 중 하나이다. 인공지능이 인간의 말이나 어투, 표정, 손동작 등을 읽어내고 인간의 감정을 이해할 수 있게 될 것이다. 따라서 인간의 의도와 감정을 인식하는 기술을 통해 생활 자체를 편하게 하는 인공지능 기반 첨단서비스들이 개발될 것이다.

앞서 인공지능이 4차산업혁명시대에 미칠 영향을 살펴보았다. 4차산업혁명시대에서는 약한 인공지능이 강한 인공지능의 시대로 바뀔 것이다. 빅데이터와 인터넷, 클라우드 컴퓨팅, 딥러닝 등의 인공지능 관련 인프라가 크게 발전하였기 때문이다. 그 중에서도 딥러닝은 여러 개의 신경층으로 구성된 인공신경망을 적용하여 난이도가 높은 문제에서 전문가를 능가하는 성과를 보이고 있다. 딥러닝 머신러닝 알고리즘에는 합성곱신경망으로 알려져 있는 CNN, 순환신경망으로 불리우는 RNN이 있다. 이러한 딥러닝 기법은 오늘날 성공적인 인공지능시대를 여는데 1등공신이다. 딥러닝은 최근 고령화되어 가고 세계의 많은 국가들의 보건복지비용을 절감하기 위한 인공지능 수단으로도 활용되고 있다. 인공지능을 헬스 분야에 적용할 때 연간 1,500억 달러의 비용절감이 가능한 것으로 추정된다.

3절 인공지능과 기업가정신

인공지능의 시대를 살아가는 우리는 어떠한 기업가정신으로 인공지능을 활용하여야 할까 ? 여기에 대한 답을 제시하기는 어렵다. 인공지능이라는 말도 거대담론이고 기업가정신 역시 매우 큰 용어이기 때문이다. 그래서 아마존의 사례를 가지고 구체적으로 생각을 해보자.

아마존은 전세계 온라인 상거래 시장을 주도하는 세계 넘버원 기업이다. 이 같은 초우량 기업에서는 인공지능을 이용하여 어떠한 기업가정신을 발휘하고 있을까? 또한 월마트와 같은 초경쟁력을 자랑하는 유통회사도 어떠한 방법으로 인공지능을 적용하고 있을까?

첫째, 기업가정신을 갖는 기업가라면 인공지능을 기술적으로 몰라도 인공지능이 갖고 있는 잠재력에 대해서 주의깊게 관찰할 필요가 있다. 아마존의 거대한 물류창고에서 성공적으로 사용하고 있는 창고 내 운반전용 로봇 키바(kiva)의 사례를 보자.[11] 키바는 노란색으로 둥그스름하고 납작하게 생긴 물류운반 도우미 로봇이다. 본체 높이는 불과 30센티미터이고 넓이는 가로×세로 각각 60센티미터와 80센티미터가 된다. 키바 로봇은 리프팅 기능이 있어

출처: https://www.youtube.com/watch?v=ULswQgd73Tc

11) 문상미·전진우(2018). 로봇산업 현황과 정책과제. 한국통신학회지(정보와통신), 36(1), 42-48.

서 최대중량 400킬로그램에 달하는 적재 선반을 머리에 이고 안정적으로 아마존 물류창고를 24시간 내내 쉬지 않고 종횡무진 누빈다.[12] 속도도 결코 느리지 않는 시속 약 5킬로미터로 움직인다. 움직이는 방향은 늘 직선이지만 직각으로 회전한다. 이때 머리에 이고 다니는 적재 선반이 흔들리지 않도록 적재 선반이 알아서 역회전을 하여 물건이 떨어지거나 하는 일은 생기지 않는다. 키바는 사람의 지시에 의하여 움직이는 것이 아니라 중앙서버로부터 와이파이 무선 인터넷을 통하여 명령을 받는다. 원하는 물건의 위치를 자동으로 파악하여 해당 물건을 목적지까지 운반한다. 타겟 물건이 있는 적재 선반의 고유번호를 자체 스캐너로 확인하여 해당 적재 선반을 목적지까지 운반한다. 키바는 자체 밧데리로 움직이며 두 시간마다 물류창고 곳곳에 있는 가까운 충전소에서 밧데리를 충전하면서 계속 일한다. 2020년 현재 아마존 물류창고에서 일하는 키바 로봇의 숫자는 10만 대에 이른다. 그리고 키바 로봇을 이용한 이래로 아마존 물류창고 내 운영비용은 20% 이상 절감된 것으로 파악된다. 아마존의 성공 이면에는 이같이 기업가정신으로 무장한 경영자의 혜안이 있었다.

출처: https://www.youtube.com/watch?v=VMZM5rMOIPE

12) https://koocker1.tistory.com/33

둘째, 월마트는 미국 내 최대 소매점이다. 우리로 말하면 이마트와 같은 유통매장 회사이다. 월마트 역시 로봇을 과감하게 도입하여 바닥청소 로봇, 선반 스캐닝 로봇, 그리고 트럭에서 화물을 자동으로 분류하고 하역하는 로봇을 운영하고 있다. 로봇을 도입한 매장의 숫자만 무려 1,500개 이상이 된다. 특히 선반 내 물건 진열상태, 물건이 소진되었는지 여부 등을 살피는 선반 스캐닝 로봇은 '오토-S'라고 불린다.[13] 오토-S 로봇은 매장 내 수많은 선반에 진열되어 있는 물건의 재고상황, 진열상태, 라벨 손상 등을 일일이 돌아다니면서 자동으로 확인하고 이를 와이파이 기능으로 서버로 전송한다. 일일이 사람이 손으로 해야 하고 시간도 많이 걸리던 작업을 오토-S 로봇으로 성공적으로 대체하고 있다.[14] 월마트의 오토-S 로봇 사례에서도 로봇의 도입에 대한 기업가의 자세가 중요하다. 단순히 인건비 절감의 목적만이 아니라 로봇으로 관리되는 매장이라는 느낌은 적어도 소비자들에게는 해당 업체가 인공지능이라는 첨단기능을 도입하여 소비자만족에 노력한다는 긍정적인 이미지를 줄 수 있어서 기업 입장에서는 유리하다.

셋째, 이같이 인공지능을 이용한 로봇의 도입을 과감하게 결정한 기업가 정신에는 어떠한 문제가 있을까? 바로 인력이 로봇으로 대체된다는 점이다. 물론 인력이 로봇으로 대체되는 것 자체를 문제삼을 수는 없다. 기업경영의 효율화의 일환이기 때문이다. 그럼에도 불구하고 로봇을 이용하고자 하는 기업가들은 이로 인한 불편한 진실과도 정면으로 맞딱드리고 해결책을 강구해야 한다. 즉, '로봇으로 대체되는 일자리를 어떻게 할 것인가'라는 문제이다. 100명의 인력이 일하던 일자리가 인공지능으로 무장한 로봇 5대로 커버가 된다면 이를 마다하고 인력을 계속 고용할 기업가는 없다. 로봇은 인건비를 절감할뿐만 아니라 맡은 바 일도 아주 잘하기 때문이다. 이 문제를 해결하기 위하여 등장한 세금이 로봇세이다. 로봇세란 로봇의 도입으로 인하여 인건비 절감과 경영 성과가 향상된 기업으로 하여금 로봇도입에 따르는 이익의 일부

13) 이동규·이성훈(2018). 정보통신기술(ICT)을 활용한 물류시스템의 변화: 매대관리를 위한 로봇 등을 중심으로. 한국정보기술학회지. 16(1). 19-24.

14) http://www.ciokorea.com/news/120757

를 세금으로 걷자는 것이다. 그리고 그 세금은 전적으로 로봇으로 인하여 일자리를 뺏긴 사람들을 지원하는 재원으로 사용하자는 것이다. 이 같은 아이디어는 마이크로소프트사 전 회장인 빌 게이츠도 적극적으로 지지하는 세금 정책이다.

5장 인공지능서비스 플랫폼과 기업가정신

1절 .ai 의 세계

구글 검색엔진에서 입력창에 .ai를 넣으면 많은 사이트가 뜬다. 예를 들어, 구글 AI(ai.google), 오픈 AI(openai.com), 웰컴 AI(welcome.ai), 에이치투오 AI(h20.ai), 파이토치 오알지(pytorch.org) 등이 그중 대표적이다. 이러한 사이트를 인공지능서비스 플랫폼이라고 부른다. 즉, 인공지능 관련 토탈 서비스가 제공되는 곳이다. 우리나라에서도 네이버가 주도하는 인공지능서비스 플랫폼인 네이버 클로바(clova.ai)가 있다. 네이버가 지원하는 또 다른 클라우드 인공지능서비스 플랫폼인 앤클라우드(ncloud.com)도 있다. 해당 앤클라우드에서는 안면인식, 스피치 인식, 텍스트 마이닝 등을 보다 효과적이면서도 손쉽게 구현이 가능하다. 또한, 국책연구소 자체 스타트업으로 시작한 마인즈랩 AI(mindslab.ai)도 있다. 한국전자통신연구소(ETRI)에서 시작된 마인즈랩 AI는 마음 AI(maum.ai)라고 하는 인공지능서비스 플랫폼을 운영하면서 국내시장에서 상당한 인지도를 얻고 있다.

이 같은 인공지능서비스 플랫폼은 그 자체가 초지능, 초연결로 무장한 새로운 개념의 온라인 인공지능서비스 플랫폼이다. 그렇다면 왜 요즘 시점에서 이러한 인공지능서비스 플랫폼이 유행인걸까?

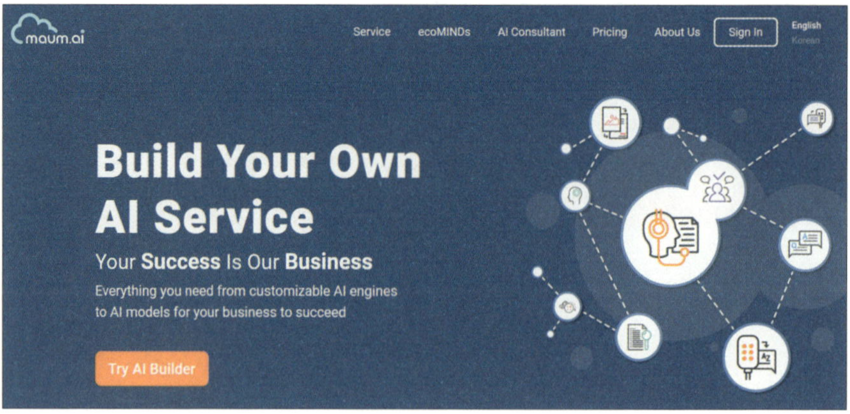

첫째, 4차산업혁명의 중심에는 인공지능이 있기 때문이다. 인공지능에 대해서 누구든지 관심은 있지만 막상 자기가 생각하는 타겟문제에 적용하려면 무엇을 어떻게 해야 할지 막막한 경우가 많다. 신사업 비즈니스 모델의 경우도 마찬가지다. 시장 내에서 꼭 필요한 언매트(unmet. 즉, '충족되지 않은'이라는 뜻으로서 시장 내에 아직 제대로 된 서비스가 존재하지 않은 경우를 말함) 니즈를 타겟으로 하여 서비스를 만들고자 할 때 인공지능을 적용하고 싶어도 전문가가 아닌 기업가의 경우 매우 당황스러울 것이다. 이러한 경우 인공지능서비스 플랫폼은 매우 유용한 툴이 된다. 해당 플랫폼은 인공지능에 대한 아무런 전문지식이 없어도 자기가 원하는 문제만 기술하면 그에 맞는 적정한 인공지능 솔루션을 제공받을 수 있기 때문이다

둘째, 어떤 기업이 4차산업혁명의 리더로 올라서려면 비즈니스 모델에 인공지능을 반영하여야 하기 때문이다. 문제는 인공지능을 비즈니스 모델에 반영하는 과정이 상당히 복잡하고 전문적인 지식을 요한다. 4차산업혁명의 총아로 불리우며 향후 거의 모든 산업 분야에서 게임 체인저로서의 가능성을 인정받고 있는 인공지능을 문외한도 누구든 손쉽게 사용하도록 만들어 놓은 환경이 인공지능서비스 플랫폼이다. 여기서 우리가 짚고 넘어가야 할 것은 플랫폼이라는 단어가 갖는 의미이다. 플랫폼은 여러 사람들이 모여드는 곳이다. 그러다보니 플랫폼에서는 사람과 사람 간의 인터랙션이 활발히 일어나고 그로 인하여 네트워크 효과가 발생한다. 사람이 모이면 모일수록 인터랙션은

더욱 더 활발해지고 그로 인하여 네트워크 효과도 더욱 커진다. 그러면 플랫폼이 갖는 힘은 더욱 커진다. 오늘날 대표적인 플랫폼은 구글, 아마존, 애플, 넷플릭스, 페이스북, 우버, 에어비엔비이다. 이들 플랫폼의 힘은 그 안에서 이뤄지는 수많은 사람들 간의 인터랙션이 갖는 네트워크 효과이다. 우리나라에서도 배민, 즉 배달의 민족이라는 배달전용 사이트가 대표적인 플랫폼이다. 카카오택시도 택시기사와 택시이용자를 연결하는 플랫폼이다.

다시 .ai로 돌아가자. 인공지능서비스 플랫폼이 갖는 가능성은 대단히 크다. 4차산업혁명시대에서의 키워드는 인공지능, 로봇, 사물인터넷(IoT), 가상물리시스템(CPS: Cyber Physical System)이다. 이를 다른 쉬운 용어로 표기하면 인공지능과 로봇은 '초지능', 사물인터넷은 '초연결', 가상물리시스템은 '혼합현실'이라는 보다 쉬운 용어로 이해할 수가 있다.

우선 초지능 개념부터 생각해 보자. 초지능이란 여러 분야를 아우를 수 있는 인공지능을 의미한다. 인공지능서비스 플랫폼에서는 다양한 분야의 인공지능이 가능한 서비스로 제공된다. 따라서, 해당 플랫폼에서는 초보자들도 손쉽게 다양한 인공지능을 이용한 새로운 서비스를 창출할 수 있다. 인공지능의 발전속도가 얼마나 경이로운 수준인지는 전세계 최고수준의 프로바둑선수인 이세돌 9단과 딥마인드 인공지능 컴퓨터 간의 대결을 통해서 전세계적으로 알려진 바이다. 그뿐 아니라 막대한 상금을 걸고 진행하는 미국의 유명한 게임쇼인 제퍼디(Jeopardy)에서 기록적인 연승행진을 하거나 우승을 한 선수들과의 대결에서도 IBM의 인공지능 컴퓨터 왓슨은 완승을 거두었다. 여기에서 사용한 인공지능은 딥뉴럴네트워크(DNN), 합성곱신경망(CNN), 장·단기기억네트워크(LSTM), 순환신경망(RNN)기법들이다. 이들을 하나하나 이해하는 것은 본서의 수준을 넘어서는 것이지만 그렇다고 해서 이러한 내용을 그냥 아무것도 아닌것 처럼 넘어가기에는 4차산업혁명시대의 파고를 넘어서야 하는 기업가정신의 소유자가 취할 태도는 아니다. 따라서, 일단 상세한 설명은 다른 섹션에서 하기로 하되 해당 개념만 간단하게 설명하자.

딥뉴럴네트워크는 은닉층이 여러 개인 인공신경망으로서 기존 인공신경망에 비하여 주어진 입력자료의 숨겨진 패턴을 보다 더 정교하게 추출할 수 있다. 합성곱신경망은 주어진 입력자료의 특징(또는 속성)을 자동으로 추출하는 별도의 필터가 있고 해당 필터로부터 추출된 특징을 입력 값으로 하여 입력과 출력 간 비선형관계를 딥뉴럴네트워크로 학습하는 기능을 갖추고 있다. 이같이 합성곱신경망은 특히 복잡한 이미지자료를 학습하여 타겟 사물을 인지하는 데 탁월한 성과를 보여서 의료 분야 등에서 많이 활용된다. 장·단기기억네트워크는 시계열자료로 구성된 입력자료를 학습하는 데 사용된다. 이름에서 알 수 있듯이 입력자료 안에 담겨져 있는 시계열자료 간 복잡한 선후관계를 이해하는 데 좋은 성과를 보여준다. 따라서, 주로 온라인 리뷰문장을 이해하고 그 안에 담겨진 감성과 오피니언 등을 이해하는 데 적용된다. 순환신경망도 장·단기기억네트워크와 같이 순서가 있는 입력자료를 이해하고 그 안에 담겨져 있는 맥락을 이해하는 데 적용된다. 이와 같이 인공지능서비스 플랫폼은 초지능을 발휘할 수 있는 강한 인공지능(strong AI)서비스 제공이 가능하다.

둘째, 초연결성이다. 초연결성이란 사물인터넷을 기반으로 모든 사물과 인터넷이 연결되고 이를 통하여 모든 사물들이 인터넷을 통하여 서로 연결되는 것을 의미한다. 이렇게 되면 미래의 상거래는 단순히 물건이나 서비스를 매매하는 수준에서 벗어나 사물에 대한 구체적인 접근을 관리하고 그 접근방식을 현대화하는 기업이 경쟁우위를 차지하는 새로운 단계로 발전될 것이다. 초연결성이 가능하게 하는 인공지능서비스 플랫폼에서는 미래 산업사회에서 강력한 경쟁우위를 발휘할 수 있는 혁신적인 서비스 창출이 가능하다. 그리고 이러한 서비스 창출을 가능하게 하는 개인들이 미래의 혁신 기업가가 될 것이다. 제너럴일렉트릭은 GE라는 약자로 알려져 있는 미국의 세계적인 기업이다. 2015년에 GE는 제조회사에서 데이터분석 전문회사로 체질개선을 선언하였다. 이를 위하여 사물인터넷 기반 산업용 클라우드 데이터분석 플랫폼인 프리딕스(Predix. https://www.predix.io)를 출시하였다.

프리딕스는 머신러닝, 디지털 트윈(digital twin)을 장착하여 산업현장 내에

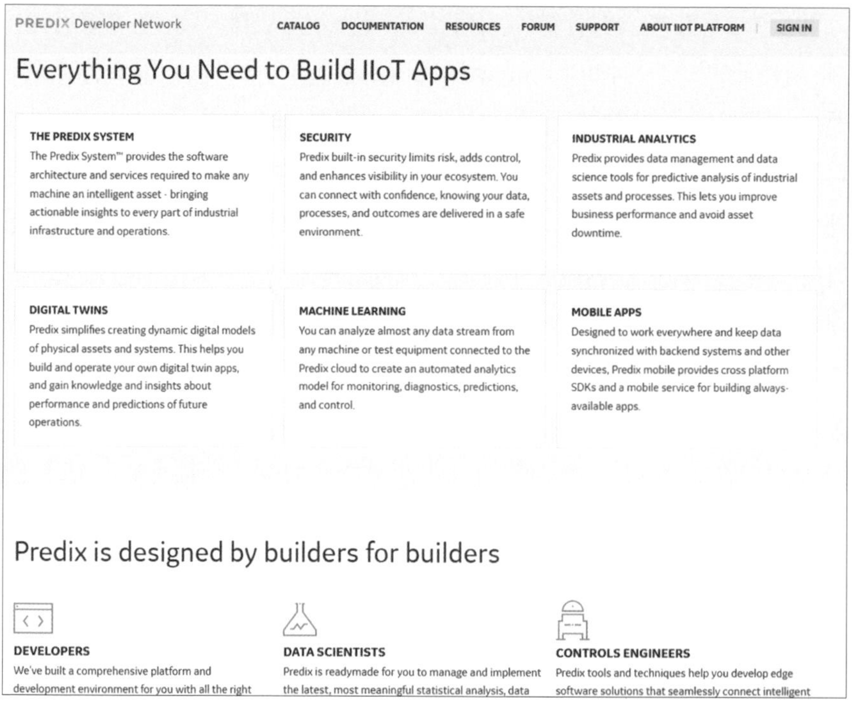

서 활용되는 각종 인프라 구조의 원활한 운영을 지원한다. 그리고 발생될 수 있는 각종 운영상 애로, 고장, 유지보수 등을 예측하고 관리한다. 프리딕스는 사물인터넷 기반으로 모든 관련 주요 설비를 인터넷으로 연결하여 모니터링하고 관련 데이터를 24시간 실시간으로 분석함으로써, 방대하고 복잡한 제조현장을 관리하는 기업의 높은 제조현장 운영의 효과성과 효율성을 지원한다. 여기서 디지털 트윈이란 실제 현실을 컴퓨터 속에 트윈, 즉 쌍둥이를 만들어서 현실에서 발생할 수 있는 각종 상황을 정교하게 모의실험을 할 수 있는 기술을 말한다. 따라서, 디지털 트윈을 이용하게 되면 복잡하고 방대한 설비를 관리하여야 하는 기업에서 여러 가지 사고와 재난을 미연에 예측하고 방지할 수 있다. 이러한 기능 때문에 디지털 트윈은 스마트 팩토리, 스마트 시티 등을 설계하고 유지하는 데에도 널리 사용된다. 그리고 사회 인프라 기간설비를 관리하고 모니터링하는 데에도 효과적으로 적용된다.

인공지능서비스 플랫폼에서 기대할 수 있는 세 번째 기능은 혼합현실이다. 이른바 믹스트 리얼리티(mixed reality)이다.[1] 인공지능서비스 플랫폼에서는 인공지능의 다양한 서비스기능이 가능하기 때문이다. 즉, 시각, 빅데이터분석, 감성분석, 이미지분석, 그리고 초지능, 초연결도 가능하다. 따라서, 실제현실과 가상현실, 그리고 증강현실이 디지털 트윈을 통하여 동기화가 가능하다. 그렇게 되면 실제현실, 가상현실, 그리고 증강현실이 인공지능서비스 플랫폼상에서 서로 자연스럽게 연결이 되면 이러한 상태가 믹스트 리얼리티, 즉 혼합현실의 세계가 된다. 사실 가상현실, 즉 VR(virtual reality)은 실제현실을 컴퓨터상 디지털 세계에서 3차원으로 모방을 한 것이어서 장시간 사용하게 되면 현기증과 함께 피곤함, 그리고 실제감이 떨어지는 문제점이 있다. 반면 증강현실은 AR(augmented reality)이라고 하는데 이는 실제현실 위에 디지털 디바이스를 통하여 가상의 이미지와 텍스트를 연결하여 작업자들에게 실시간으로 필요한 정보와 이미지를 제공할 수 있다. 그러나, 이러한 증강현실 또한 실제현실과 가상의 이미지나 텍스트가 미스매치가 되는 경우가 많아 현실감과 가상의 느낌이 동시에 하락하는 문제점이 있다. 그러나 혼합현실은 고도의 인공지능 기능을 가지고 있는 인공지능서비스 플랫폼상에서 구현이 되기 때문에 실제현실, 가상현실, 그리고 증강현실 모두가 자연스럽게 동기화가 되어서 복잡한 환경 하에서 고도의 숙련된 작업을 해야 하는 경우 큰 성과를 발휘할 수 있다. 이 같은 혼합현실의 가능성은 초보자들의 업무 성과를 단시간 내에 증대시킬 수 있어서 교육, 기업, 의료, 법률, 초정밀산업, 우주산업, 예술 등의 분야에서 게임 체인저로서의 역할을 할 수 있다.

그렇다면 여기서 한 가지 의문이 든다. 인공지능서비스 플랫폼에서는 어떻게 이러한 혼합현실이 가능한 것일까? 단순히 고도의 인공지능서비스가 가능하기 때문에 그렇다고 하기에는 무언가 추가적인 설명이 더 필요할 것이다. 이를 이해하기 위하여 우리는 디지털 메쉬라는 말을 이해할 필요가 있다.[2]

---

1) 김말희·김내수·표철식(2018). 인공지능 서비스 플랫폼과 4차산업혁명에 대한 연구. 한국통신학회논문지, 43(10), 1763-1769.

2) F. Shirazi & Keramati, A. (2019). Intelligent Digital Mesh Adoption for Big Data. Twenty-fifth Americas Conference on Information Systems, Cancun, pp. 1-6.

즉, digital mesh라는 영어를 그대로 적은 것인데 여기서 메쉬, 즉 mesh는 그물망이라는 뜻이다. 자동차, 컴퓨터, 각종 전자제품, 웨어러블 기기 등이 사물인터넷을 통하여 서로 촘촘하게 연결되어 그물망처럼 되어 있다면 이러한 상태가 곧 디지털 메쉬가 된다. 디지털 메쉬 안에서 연결된 모든 사물들, 즉 디바이스는 서로 끊임없이 정보를 주고 받으면서 동기화가 된다. 그리고 이러한 디지털 메쉬상에서 디바이스 간 상호 교환되는 데이터가 클라우드 상에서 실시간으로 머신러닝 기법으로 분석되고 관리된다면 디지털 메쉬 안에서 연결된 모든 디바이스는 각자 따로 움직이면서도 서로 연결된 하나의 유기체처럼 작동된다. 병원에서 사용하는 모든 의료기기와 의사, 간호사, 환자의 상태가 디지털 메쉬 안에서 연결된다면 소수의 의사나 간호사들로도 환자를 보다 빠르고 정확하게 모니터링하고 고도의 의료서비스를 제공할 수 있다. 이러한 적용은 교통, 정부, 군사, 기업, 스마트 팩토리, 스마트 시티 등등 우리가 생각할 수 있는 거의 모든 실제상황에 적용이 가능하고 그 여파 또한 엄청나다. 그래서 디지털 메쉬로 연결된 모든 디바이스들이 디지털 트윈 안에서 머신러닝 기법 등으로 분석되고 예측관리됨으로써 실제현실, 가상현실이 자연스럽게 연결되어 고품질의 혼합현실이 가능하게 된다.

2절 인공지능서비스 플랫폼 사례

우선 세계최고의 온라인 기업 중 하나인 아마존에서 제공하는 인공지능서비스 플랫폼부터 살펴보자. 컴퓨터 비젼, 이미지 분석 분야에서 사용되는 인공지능서비스 플랫폼으로서 '아마존 레코그니션'이 있다. 영어로는 Amazon Rekognition인데 이는 클라우드 서비스 플랫폼인 아마존 웹서비스(AWS: Amazon Web Service)에서 제공하는 이미지 분석용 전문 인공지능서비스 플랫폼이다. 2016년도에 출시되었다. 이미지 상에서 특정 유형의 (얼굴모습, 옷차림, 걸음걸이 등등) 사람(들)을 찾아내거나 인식하기, 목표로 하는 사물, 장면, 활동 등을 인지하거나 확인이 가능하다. 그리고 그 속도가 매우 빨라서 이미지 관련 신규 서비스를 창출하는 데 긴요하게 사용된다. 제조공정의 복잡한 조립라인 상에서 불량품을 정확하게 찾아내거나 비정상 활동을 탐지하는데 유용하다. 이를 사용하는 사용자는 인공지능에 대해서 전문지식이 없어도 타겟사물이나 이미지만 확인만 해주면 나머지는 아마존 레코그니션이 알아서 처리해주기 때문에 손쉽게 인공지능의 첨단기능을 자기가 필요로 하는 영역에 신속하게 적용할 수 있다.

2017년에 출시된 아마존 세이지메이커도 주목할만하다. 영어로는 Amazon SageMaker로 표기되는 이 서비스 역시 AWS 상에서 제공하는 인공지능서비스 플렛폼인데 이는 머신러닝을 사용자가 원하는 타겟 영역에 빠르고 효과적으로 적용할 수 있도록 한다. 모든 형태의 머신러닝 지원이 가능하며 방대한 비정형 데이터도 자동 레이블 지정 기능을 통하여 신속하게 학습자료로 변환시킬 수가 있다. 머신러닝을 적용할 때 기업의 입장에서는 학습자료를 만들어서 머신러닝 분류기에 제공을 해야 한다. 이때 주어진 입력자료에 대한 참 출력 값을 알려주는 것을 레이블 지정이라고 한다. 그러나, 이 작업은 고도의 숙련된 전문가에 의하여 일일이 수작업으로 해야 하기 때문에 엄청난 시간적 소모와 경비가 든다. 순간순간의 업무에 치이는 기업들이 이 같은 레이블 지정을 제대로 할 수가 없다. 그렇기 때문에 이 같은 자동 레이블 지정 기능은 머신러닝을 적용하고자 하는 거의 모든 기업에서 반드시 필요로 하는 기능이 된다.

아마존 렉스(Amazon Lex)라고 하는 대화형 인터페이스 구축용 인공지능서비스 플랫폼도 주목할만 하다. 이는 자연어로 사람과 대화할 수 있는 이른바 챗봇(chat bot)을 단 몇분 만에 구현하는 데 효과적으로 사용될 수 있다. 사용자가 텍스트를 넣어주면 이것을 음성으로 변환시킬 수 있고 아울러 자동음성인식 기능이 있어서 아마존이 자랑하는 인공지능 스피커인 알렉사(Alexa)의 기능을 구현할 수 있다. 특히 방대한 사용자들을 대상으로 하는 콜센터에 적용하면 자동음성인식, 자연어 처리기능을 적용하여 발신자가 원하는 서비스의 내용을 파악하여 해당 서비스 작업을 제공할 수 있다. 미국

우주항공국인 나사에서는 아마존 렉스를 적용하여 화성 탐사선에게 음성으로 명령을 내려서 방향을 지시할 수 있고, 화성 탐사선과 일반 학생들과 연결을 하면 학생들과 화성 탐사선이 음성으로 질의응답을 할 수도 있다.

이 같은 인공지능서비스 플랫폼 시장을 장악하기 위한 치열한 경쟁은 이미 시작되었다. 아마존과 더불어 세계 IT시장을 리드하는 미국의 거대 IT기업인 구글, IBM, 마이크로소프트사에서도 다양한 인공지능서비스 플랫폼을 출시하였는데, 이중에서도 마이크로소프트사가 출시한 머신러닝 서비스 플랫폼인 마이크로소프트 애주어(Azure) 머신러닝 스튜디오는(https://studio.azureml.net) 많은 주목을 받고 있다. 애주어 라는 단어는 하늘색이라는 뜻인데 이는 밝은 푸른색을 말한다. 머신러닝을 사용하는 기업의 입장에서는 머신러닝을 적용하려면 고민이 많을 터인데 이러한 부담을 덜어주려는 의미가 담긴 단어로 생각하면 된다. 애주어 머신러닝 스튜디오를 이용하는 기업은 해당 플랫폼 상에서 구현한 머신러닝 응용 산출물을 자사의 기존 프로그램에 효과적으로 적용할 수가 있다. 또한 사용자의 상황에 가장 적합한 머신러닝 알고리즘을 자동으로 찾아서 적용하는 기능도 있어서 사용자 편의성이 크게 증대되었다.

우리나라에서도 인공지능서비스 플랫폼을 개발하여 적용하고 있다. 이미 위에서 설명한 바 있는 마음 AI(https://maum.ai)이다.

3절 인공지능서비스 플랫폼에 의한 효과

지금까지 우리는 인공지능서비스 플랫폼에 대하여 생각하였다. 그렇다면 이같이 고도의 인공지능서비스가 가능한 플랫폼이 이미 우리들 손에 주어져 있는데 그로 말미암은 효과는 어느정도 일까?

첫째, 산업적 측면으로만 본다면 기존의 산업에서는 꿈꾸지 못했던 획기적인 시도가 가능하다. 즉, 인접 분야와의 횡연결, 이종 분야와의 종결합이 가능하게 된다. 횡이란 한자로 橫으로 표기하는데 이는 가로를 의미한다. 종이란 한자로 縱으로 표기하며 이는 세로를 의미한다. 즉, 기업이 현재 몸담고 있는 산업과 인접한 산업과의 융합, 또한 전혀 다른 유형의 산업과의 융합이 가능하다. 이렇게 되면 해당 산업의 경계를 뛰어넘는 신규 서비스 창출이 가능하여 기업의 경쟁력이 크게 강화된다. 아마존이 제공하는 대쉬 서비스를 생각하면 된다. 소비자가 자주, 그리고 주기적으로 구매하는 물품이나 서비스를 대쉬(dash)라고 하는 아이콘으로 연결하면 필요할 때마다 자동으로 해당 물품 또는 서비스가 구매되어 배달되는 서비스를 말한다. 이러한 대쉬 기능은 언뜻 보면 사용자 입장에서의 편의성만 극대화 한 것으로 볼 수 있는데 그 내막을 보면 꼭 그렇지만은 않다. 대쉬 서비스를 사용하는 사용자가 많으면 많을수록 아마존 입장에서는 대쉬 서비스와 연결된 제품과 서비스에 대해서 미래의 수요를 정확히 예측할 수 있고 그에 따른 모든 물류 과정도 효과적인 모니터링 및 관리가 가능하다. 그로 인하여 아마존은 소비자행동을 더욱 심도 있게 관리하고 예측할 수가 있게 된다.

둘째, 사회적 약자들에게 차별없이 고도의 IT 서비스를 제공할 수 있게 되어 디지털 차별을 방지할 수 있다. 예를 들어서 몸의 일부분이 불편한 사용자들에게 인공지능서비스 플랫폼은 다양한 민원서비스나 기업서비스를 가상현실을 이용하여 처리하고, 실제 결과물은 물리적 현실매체를 통하여 받을 수 있다. 또한 디지털 디바이드에 의하여 불리한 여건에 놓여 있는 사회적 약자계층 사용자들에게 다양한 시뮬레이션 서비스를 제공함으로써 그들의 경제 활동과 사회 활동을 직·간접적으로 지원할 수 있다. 특히 사회성 및 집중력 부족 등으로 공교육에서 제대로 학업 활동을 소화하지 못하는 청소년들에게 혼합현실 기능을 통하여 효과적으로 학업 활동을 지원할 수도 있다. 흡연, 음주 등으로 고통을 받는 습관적 약자들에게도 혼합현실 기능을 통하여 짧은 기간 안에 금연, 금주를 실천하게 함으로써 삶의 질을 향상시킬 수 있다.

셋째, 혁신적 창업을 꿈꾸는 기업가들에도 인공지능서비스 플랫폼은 매우 유용하다. 아직 시장 내에는 다양한 유형의 충족되지 않은 수요, 즉 언매트 니즈(unmet needs)가 존재한다. 문제는 어디에 어떻게 얼마나 그러한 언매트 니즈가 있는지를 모르기 때문에 혁신적 창업을 주저하게 된다. 인공지능서비스 플랫폼을 이용하게 되면 디지털 메쉬 안에서 연결된 가용 가능한 디바이스 간 정보교환을 토대로 디지털 트윈 안에서 시뮬레이션이 가능하다. 그렇게 되면 가상현실, 증강현실, 혼합현실 안에서 언매트 니즈의 존재 유무를 확인이 가능하고 그러한 언매트 니즈의 규모와 다양성 등을 확인이 가능하다. 더욱이 산업 간 횡 연결, 종 결합이 디지털 트윈 안에서 가능하게 되어 산업의 경계를 뛰어넘는 획기적인 게임 체인저로서의 제품과 서비스 개발이 가능하다. 이로써 기존 기업가정신 프레임워크에서는 불가능하게 여겨진 수많은 혁신적 창업 아이디어가 가능하게 된다.

4절 인공지능서비스 플랫폼과 기업가정신

인공지능 애플리케이션은 거의 모든 곳에 있으며, 승차감서비스에서부터 스마트폰의 음성검색에 이르기까지, 우리는 매일 인공지능서비스를 이용하고 있다. 이 서비스는 소비자들에게 매우 쉽게 다가갈 수 있는 것으로 느껴지기 때문에 기업가들도 이용할 수 있어야 한다. 인공지능은 조직 데이터의 최적 활용을 통해 비즈니스 프로세스에서 스마트 애플리케이션과 효율성을 제공함으로써 모든 산업의 판도를 좌우할 것으로 기대된다. 거대 기업들은 그들의 시스템에 인공지능을 주입했고 그 개선에 상당히 만족하고 있지만 중소기업들은 여전히 AI가 그들의 사업 과정에 변화를 가져올 수 있는지에 대해 의문을 제기하고 있기 때문에 AI의 잠재적 이용 사례에 대해 확신하지 못하고 있다.

하지만 인공지능은 수십억 달러의 예산을 가진 기업만을 위한 것이 아니다. 사실, 다수의 혁신적인 중소기업들이 AI 기반 애플리케이션을 통해 비용을 크게 절감하고 뛰어난 고객 경험을 제공하고 있다. 인공지능서비스 플랫폼이 최적으로 적용되면 기업가들은 제품개발, 판매, 고객서비스, 마케팅 등 다양한 비즈니스 기능에 걸쳐 성공적인 운영을 할 수 있다. 여러 연구들을 살펴보면 대부분의 중소기업들이 인공지능에 상당한 투자가 필요하다는 믿음 때문에 어려움을 겪고 있다. 다행히도, 소규모로 출시하고 미리 만들어진 솔루션을 활용하기만 해도 AI의 기능을 효율적으로 활용할 수 있다.

작은 규모의 기업을 소유하거나 창업하는 기업가가 인공지능을 활용하기 가장 쉬운 방법은 인공지능서비스 플랫폼을 활용하는 것이다. 자기 자신의 인공지능을 개발하는 것은 복잡하고 시간이 많이 소요되는 과정이며 상당한 투자를 필요로 한다. 이 경우 인공지능 플랫폼을 비즈니스에 활용하면 상당한 비용과 시간을 절약할 수 있다.

이중 대표적인 인공지능 플랫폼 서비스는 텐서플로우(TensorFlow)다. 2015년에 출시된 텐서플로우는 머신러닝을 위해 가장 잘 유지되고 광범위하게 사용되는 프레임워크 중 하나이다. 텐서플로우는 현재 드롭박스, 이베이, 우버, 트위터, 인텔 등 수많은 회사들에 의해 널리 사용되고 있다. 기업가는 텐서플로우를 활용하여 복잡한 기능을 갖춘 인공지능 애플리케이션을 짧은 시간 내에 개발할 수 있다.

AI는 여러 부서에 걸쳐 중소기업의 획기적인 발전을 가져올 수 있다. 많은 중소기업들은 AI를 비즈니스 워크플로우에 구현하기 시작했고 투자 대비 수익률, 즉 ROI와 사업매출액에서 상당한 향상을 이루고 있다.

따라서 기업가들은 실패하는 것을 두려워하지 않고 인공지능기술을 도입할 필요가 있으며, 이때 인공지능서비스 플랫폼은 좋은 대안이 될 것이다.

6장 지능형 에이전트를 이용한 기업가정신 구현

1절 비즈니스 플랜

여행자는 여행을 떠나기 위해 일정을 세우고, 준비물을 챙기는 등의 만반의 준비를 한다. 여행을 위한 준비가 완벽히 된 상태에서 떠나는 여행은 여행자에게 잊을 수 없는 즐거움과 추억을 남긴다. 이는 창업에 있어서도 마찬가지이다. 현명한 창업자는 창업을 하기 위한 만반의 준비를 한다. 이러한 창업을 하기 위한 만반의 준비를 "비즈니스 플랜(Business Plan)"이라 한다. 즉, 비즈니스 플랜이란 사업 아이디어, 생산 및 재무 등의 각종 계획, 마케팅전략 등 기업경영에 있어 필요한 모든 내용을 담아놓은 것이다.

본장에서는 이러한 비즈니스 플랜에 대해 알아보고, 이를 인공지능 시뮬레이션 도구 중의 하나인 넷로고를 통해 구현해 보고자 한다.

비즈니스 플랜은 사업 아이디어를 구체화하는 과정이며 창업자들이 사업 성공을 위해 가장 먼저 거쳐야 할 관문이다. 또한 사업의 잠재성을 여러 이해관계자에게 전달하는 역할을 한다. 비즈니스 플랜을 수립함에 있어서 다음과 같은 5원칙을 숙지하여야 한다.

- **신뢰성**: 객관적 자료에 근거하여 전문가적인 분석 과정을 거쳐야 함
- **일관성**: 각 부문의 계획 간에 논리적 일관성이 확보되어야 함
- **이해가능성**: 투자가, 금융기관 등 이해관계자가 이해할 수 있어야 함
- **독창성**: 기존 사업, 타 경쟁업체와 구별되는 특징을 부각해야 함

- **낙관성:** 적당한 수준의 대내·외 여건에 대한 낙관은 오히려 설득력이 있음

다음으로 비즈니스 플랜을 수립할 때 유의하여야 할 점을 몇 가지 살펴보자.

첫째, 비즈니스 플랜이 누구를 위해 쓰이는가를 염두에 둬야 한다. 대상에 따른 목적에 부합되도록 작성해야 한다. 일반적으로 비즈니스 플랜의 독자들은 시장가능성이나 이익잠재력에 대한 관심이 많기 때문에 시장중심의 계획을 세워야 한다.

둘째, 비즈니스 플랜의 가정이 합리적이어야 한다. 예를 들어, 시장규모, 시장점유율 등 시장에 대한 가정이라든지 경쟁사에 대한 가정, 또는 소요비용에 대한 가정이 타당성이 없다면 신뢰도가 떨어진다.

셋째, 위기대응 방안이 담겨 있어야 한다. 급변하는 시장환경 속에서 사업성공까지는 높은 잠재적 위험이 수반되는 만큼 잠재적 위험에 대한 대응 방안, 즉 위기대응 플랜이 포함돼야 한다.

넷째, 투자가 단행된 이후의 계획이 있어야 한다. 즉, 투자 이후 최소한 향후 3년 간의 자본 및 기업가치에 대한 계획까지 포함되어야 한다.

비즈니스 플랜의 일반적인 양식은 다음과 같다.

〈표 6-1〉 비즈니스 플랜 양식

목 차	내 용
기업의 소개	회사의 이름과 주소, 창업자(들)의 이름과 주소, 사업의 내용 재무상태, 비즈니스 플랜 작성의 진실성 서약
요약	전체 비즈니스 플랜에 대한 요약
산업분석	미래의 추세, 경쟁자 분석, 시장세분화
사업설명서	제품, 서비스, 사업 규모 사무실 장비와 인적자원, 창업자의 인적사항
생산계획	제조공정(하청업체와의 관계), 공장부지 기계와 설비, 원자재 공급자의 이름
마케팅계획	가격정책, 유통정책, 촉진, 제품예상, 통제

조직계획	소유 형태, 동업자나 주요 주주의 신상명세서, 경영자의 권한 관리 팀의 인적사항, 조직구성원의 역할과 책임
위험의 평가	사업의 약점 평가, 신기술의 등장, 대처 방안의 제시
재무계획	이전의 수입상태, 현금흐름, 과거의 재무제표, 손익계산분석, 자금의 원천
부록	각종 문서, 시장조사자료, 계약관계 등에 관한 서류

비즈니스 플랜의 평가기준은 다음과 같다.

- **사업계획의 실현가능성**: 실제 사업화 가능성이 높을수록 점수가 높다. 이를 위해 실현성, 투자매력도, 현실성, 이익잠재력 등을 복합적으로 평가한다.
- **제품·서비스의 서술**: 제안하는 제품과 서비스가 명확히 기술되어 있어야 한다.
- **제품·서비스의 시장성**: 제안된 제품·서비스가 시장성이 있음을 보여 주어야 한다.
- **경영진의 강점**: 경영진의 경력과 인적사항을 기재하고 기술과 사업에 대한 의욕이 있음을 보여야 한다.
- **운영상의 특징**: 사업계획서가 자원조달, 제품개발 및 유통에 대한 논리적인 접근법을 제시하여야 한다.
- **위험의 기회의 평가**: 사업개시와 관련하여 환경의 위험과 기회 요인에 대해 기술하여야 한다.
- **판매분석과 예측**: 사업개시 이후 최소 3년간의 판매예측과 타당한 자료를 제시하여야 한다.
- **자본상의 요건**: 사업계획서 상의 자본계획이 현실성이 있어야 하며 타당해야 한다.
- **투자수익률**: 투자자들이 2~3년 후에는 투자수익을 얻을 수 있음을 보여 주어야 한다.
- **사업계획서의 완결성**: 사업계획서의 외양이나 기술 방법, 그리고 충실성 등도 매우 중요하다.

- **수익창출**: 구체적으로 어떠한 방법을 통해 수익을 창출할 수 있는지 기술되어 있는가?

2절 비즈니스 게임 시뮬레이션 모델

1. 시뮬레이션에 대한 이해

시뮬레이션이란 아직 발생하지 않은 미래의 사실을 컴퓨터 상에서 모의 실험하는 것을 의미한다. 즉, 분석의 대상이 되는 실제 '시스템'을 컴퓨터를 이용하여 모델링하고, 시간의 경과에 따른 시스템의 상태 변화와 추이를 실제상황과 유사하게 흉내냄으로써, 대상 시스템의 예상 행태를 사전에 간접적으로 예측하기 위해 사용하는 방법이다. 따라서 시뮬레이션은 미래를 예측할 수 있는 방법이라고 할 수 있다. 시뮬레이션은 최근 생산, 유통, 의료 및 환경 등 다양한 분야에서 의사결정기법으로 사용되고 있다.

2004년 서울시는 대대적인 버스노선 개편을 단행하였다. 서울시에서는 버스노선 개편 이전에 면밀한 교통량 시뮬레이션을 실시하여, 변화된 버스노선 개편으로 인한 교통량의 변화를 추정하였다. 이러한 시뮬레이션은 아직 시행되지 않은 교통정책으로 인한 사회구성원의 반응과 그에 따른 교통량의 변화를 추정해야 한다. 따라서 이 같은 시뮬레이션은 문제에 따라, 변화주체를 에이전트(agent)로 보고, 이들 에이전트끼리 맺고 있는 복잡한 인과관계, 그에 따른 주변 환경 요소의 변화를 면밀하게 추적하여 분석하는 과정이다. 도로교통 시뮬레이션은 시뮬레이션이 적용되는 다른 분야들에 비해서 상대적으로 난이도가 낮고, 덜 복잡한 분야에 속하지만, 시뮬레이션을 적용했을 때의 개선효과는 가장 큰 분야이기도 하다. 이와 같이 대규모의 사회적 프로젝트가 진행될 때에는 반드시 사전 시뮬레이션을 통한 결과 예측이 필요하다. 경영환경에서도 시뮬레이션이 갖는 의의는 매우 크다. 시시각각으로 변하는 의사결정 상황에서 최적의 대안을 선택하기 위한 보조적 수단으로서 활용

가능하기 때문이다.

아직 발생되지 않은 미래의 사실을 컴퓨터상에서 모의실험을 한다면 어떻게 해야 할까? 아무 정보도 없이 어떻게 미래의 사실을 컴퓨터 상에서 모의실험을 할 수 있을까? 이것은 사실 불가능한 일이다. 그러나 미래의 사실에 대하여 조그마한 정보가 있다면 우리는 그 정보를 최대한 활용하여야 할 것이다. 그러나 그 정보도 정확한 것은 아니며 여전히 불확실하고 틀릴 확률이 크다. 그렇다면 현재 내가 가지고 있는 정보마저도 불확실하고, 미래에 어떻게 상황이 전개될지도 모를 불확실한 상황에서 미래에 일어날 사실을 예측할 수가 있을까? 만약 이것이 가능하다면 우리는 미래에 대한 불확실성을 극복하면서도 미래에 일어날 수 있는 일들을 효과적으로 예측할 수 있다.

이를 가능하게 해주는 것이 지능형 에이전트 시뮬레이션이다. 지능형 에이전트 시뮬레이션을 이용하여 모델링 시간과 실행시간을 단축시킬 수 있다. 또한 그래픽 애니메이션을 도입하면 사용자의 확신을 더 높일 수 있다.

2. 지능형 에이전트 시뮬레이션

지능형 에이전트의 특성상 주어진 문제에 대하여 시뮬레이션을 하게 되면, 에이전트가 주어진 문제의 변화주체를 나타내고 이들 에이전트 간의 인과관계 및 반응에 따라 목표함수가 어떻게 변화하는지를 분석할 수 있다. 서울시 도로교통 시뮬레이션에 에이전트 시뮬레이션을 적용하면, 대중교통수단을 이용하는 일반시민들, 자가용 운전자, 일반 상용차 운전자 등을 에이전트로 표시하고, 변화된 교통체계 및 요금체계 등을 환경 요인으로 입력한 다음에 일정 기간 이들 에이전트가 변화된 교통체계 하에서 어떻게 상호반응하는지에 따라 목표함수(예를 들면, 교통체증, 개인 교통비, 연료값, 도로교통 유지보수비용 등)가 어떻게 변화하는지를 확인할 수 있다.

에이전트 개념을 이용한 시뮬레이션기법에는 다음 표와 같은 다양한 방법론과 소프트웨어가 있다.

〈표 6-2〉 에이전트 시뮬레이션 방법론 및 소프트웨어

에이전트 시뮬레이션 소프트웨어	특 징
스웜 (Swarm)	미국의 산타페(Santafe) 연구소에서 개발된 사회과학 연구용 에이전트 시뮬레이션 도구임. 에이전트 시뮬레이션 언어로서는 가장 유명함. 객체지향 C언어로 개발되어 계층적 모델링을 구축할 수 있으며, 따라서 재사용 가능한 콤포넌트들의 객체지향 라이브러리를 제공함. 에이전트는 객체로 표현하며 모델에 대한 실험을 통제하고, 분석할 수 있으며 그래픽기능을 제공함(http://www.swarm.org)
리패스트 (Repast)	Recursive Porous Agent Simulation Tookit의 약자. 시카고대학의 사회과학컴퓨팅 그룹에서 개발함. 자바(Java)기반의 클라스를 제공하며, 스웜과 유사한 개념의 가장 유사한 소프트웨어임(http://repast.sourceforge.net)
아스케이프 (Ascape)	브루킹스(Brookings)연구소에서 개발되었으며, 스웜이나 리패스트와 유사한 언어임. 에이전트 간의 상호작용에 관한 정보를 제공하며, 다양한 그래픽기능을 제공하는 자바기반의 도구이다. (http://www.brook.edu/es/dynamics/models/ascape/default.htm)
매드킷(Madkit)	자바기반 멀티에이전트 플랫폼으로 프리웨어(http://www.madkit.org)
템즈(Taems)	매사츄세츠대학에서 자바기준으로 개발된 다중 에이전트 프로그램. 복잡하고 계산이 많은 작업환경에서의 다양한 뷰와 모델링을 지원하며, 수학적 분석과 멀티에이전트 시스템의 계량적인 행동분석을 지원한다.(http://dis.cs.umass.edu/research/taems/)
제우스(Zeus)	영국통신회사인 BT에서 개발한 분산 멀티에이전트 시스템 구축 도구. (http://more.btexact.com/projects/agents/zeus/)
마핌시(Mafimsi)	다중에이전트 금융시장 시뮬레이터(Multi-Agent Financial Market Simulator)의 약자로서 범용 자금시장 거래 시뮬레이션 도구 (http://www. Cs.umbc.edu/~streltch/mafimsi.html)
세삼(Sesam)	Würzburg대학에서 개발됨. 생물학, 정신실험 등에 그래픽한 모델링 도구를 지원
히드라(Hidra)	카네기멜론대학에서 개발된 물리적 에이전트 제어 체계. 에어트래픽 제어 등에 활용

에이전트 시뮬레이션을 소개하기 위하여 넷로고(Netlogo)[1]라고 하는 에이전트 시뮬레이션 언어를 중심으로 다중 에이전트 시뮬레이션 개념과 사용 방법을 설명한다. 다중 에이전트란 지능형 에이전트가 복수 개로 적용되는 것을 말한다. 미국의 노스웨스턴대학의 연결학습센터(CCL: Center for Connected Learning)에서 개발된 다중 에이전트 시뮬레이션 소프트웨어인 넷로고는 학습자가 다양한 에이전트 시뮬레이션을 통하여 주어진 문제와 관련된 목적함수의 변화를 연구하는 데 도움이 되도록 설계되었다.

다중 에이전트 시뮬레이션은 개별 에이전트들 간의 각각의 미시적인 간단한 행동이 전체 시스템에 어떠한 영향을 주는지를 분석한다. 궁극적으로는 전체 시스템이 의미 있는 나름대로의 행동[2]을 보이게 되는데 이때가 수렴된 상태이다. 예를 들어, 어느 한 기업에서 일을 하는 개별 의사결정자들의 나름대로의 일련의 경영행위가(개별 에이전트의 미시적 행위) 해당 기업 전체의 경영전략 행동을 규명하고(전체 시스템의 거시적 행위) 이것이 다시 고객들과 시장 내의 이해관계자에게 영향을 준다.

언뜻 보기엔 무질서한 것 같지만, 분명 일정한 규칙성이 존재하는 현상을 규명하는 문제에 다중 에이전트 시뮬레이션은 잘 적용된다. 한 겨울에 내리는 눈송이의 결정이 어떻게 이뤄지는지, 낙엽의 일정한 모양 등의 자연현상과

1) http://ccl.northwestern.edu/netlogo/ 사이트를 클릭하면 관련 프로그램 및 상세한 사용자 매뉴얼을 받을 수가 있다. 참고로, 넷로고의 모델 라이브러리에는 다양한 상황의 140여 개 이상의 다중 에이전트 시뮬레이션 예제가 준비되어 있다. 각각의 예제에는 모델의 목적, 시뮬레이션 방법, 활용 방법, 확장가능성 등이 비교적 자세히 설명되어 있어서, 넷로고에 익숙하지 않은 사용자들도 손쉽게 이용할 수 있다. 또한, 원하는 목적함수의 변화를 표, 히스토그램 등 다양한 표현양식으로 볼 수 있고, 허브넷(Hubnet) 기능을 이용하여 다수의 사용자가 한 가지 다중 에이전트 시뮬레이션에 참가하여 결과를 분석할 수도 있다.

2) 이러한 전체 시스템의 의미 있는 행동을 emergent behavior라고 한다. 이는 개별 에이전트의 미시적인 일련의 단순한 행동이 모여서 해당 전체 시스템(다중 에이전트가 소속되어 있는 전체 시스템을 의미함. 에이전트가 기업 내부의 근로자라면 전체 시스템은 기업 전체의 의사결정 프로세스를 의미함)의 거시적 행동이 결정되는 것을 말한다. 이때 규칙적인 전체시스템의 행동을 emergent behavior라고 한다. 따라서, 일견 복잡하게 보이는 emergent behavior도 결국 해당 시스템을 구성하는 개별 에이전트들의 단순한 행동규칙과 이들 간의 상호작용으로 발생된다. 넷로고는 이러한 emergent behavior를 규명하는 개별 에이전트의 단순 행동규칙을 규명하는 다중 에이전트 시뮬레이션에 잘 적용된다. emergent behavior는 경영, 경제, 사회, 정치의 다양한 현상을 규명하는데 유용하다. 또한 자연과학 및 공학 분야의 다양한 물리적 현상에도 잘 적용되므로 본서에서 설명하는 다중 에이전트 시뮬레이션 방법론은 모든 학문 분야에 유용하다.

주식시장, 경기의 주기적인 등락, 조직 내부의 새로운 기업문화가 구성원의 성과에 주는 영향분석 등에 적용될 수 있다. 이와 같이 우리 주변에는 우연처럼 보이지만 규칙성이 존재하는 문제로 가득 차 있다. 단지, 이러한 규칙성을 찾지 못하고 그러려니 하고 넘어가고 있을 뿐이다. 주식시장이 좋은 예이다. 주식시장에는 수많은 회사의 주식이 상장되어 있다. 특정 회사의 주식가격이 어떠한 요인으로 변하느냐에 대해서는 수많은 이론들이 있다. 여러 회사의 주식가격의 움직임이 모여서 주식시장 전체의 종합주가를 움직인다. 말하자면 미시적인 개별주가의 움직임이 모여서 주식시장 전체의 종합주가가 영향을 받아서 움직이는 것이다. 따라서 주식투자를 하는 기관들이나 개인들은 주가의 움직임을 여러 가지 원칙을 적용하여 분석하고 예측하고자 한다. 그래야만 왜 주가가 움직이는지를 알 수가 있고, 이를 통하여 주식을 사고파는 이른바 매매 타이밍을 정확하게 알 수가 있기 때문이다.

그러나 주가의 변동 요인에 대해서는 사람마다 기관마다 그 의견이 분분하다. 그만큼 복잡한 요인들의 인과관계에 의하여 주가가 변하기 때문이다. 급기야는 이른바 랜덤워크(random walk) 이론까지 등장하게 되었다. 이 이론에 의하면 한마디로 주가의 움직임은 랜덤, 즉 도저히 예측이 불가능하다는 것이다. 이 정도로 주식시장의 움직임은 엄청나게 많은 사회, 정치, 경제 그리고 투자자들의 심리 요인이 복합적으로 적용되어 결정이 된다. 즉, 주식시장 내의 수많은 미시적인 요인들의 변화가 특정 주식의 주가 또는 전체 주식시장의 종합주가를 움직이는 결과를 초래하기 때문이다. 미시적인 요인들을 에이전트로 간주하고, 이들 요인 간의 복잡한 인과관계를 에이전트 간의 상호작용으로 해석하여 이를 시뮬레이션 모델링을 하면, 전형적인 다중 에이전트 시뮬레이션의 대상이 될 수 있다.

3. 넷로고(NetLogo)

기존의 에이전트 시뮬레이션 프로그램이 주로 전문가를 대상으로 개발되었다면, 넷로고는 전문가와 학습자 모두를 대상으로 개발되었다. 따라서 비전문가인 학습자도 다중에이전트 시뮬레이션 모델링기법을 쉽게 습득할 수 있다.

미국의 노스웨스턴대학(Northwestern Univ.)의 CCL(Center for Connected Learning) 연구소에서 만들어진 넷로고는, 학습자가 새로운 현상에 대하여 에이전트 시뮬레이션으로 탐구하고 연구하는 데 도움을 줄 수 있도록 설계되었다. 새로운 현상에 대한 탐구와 연구는 수많은 미시적 개체의 행동과 이에 따르는 거시적인 변화 사이의 관계를 도출하는 데 요용하다.

우리 주위의 자연현상 혹은 사회현상은 언뜻 보기엔 무질서한 것 같지만, 어느 정도의 일정한 규칙성이 존재한다. 우연처럼 보이는 규칙성은 수많은 미시적 개체의 개별적인 행동에 의해 발생한다. 이러한 규칙성을 "의미 있는 현상(emergent phenomena)"이라고 한다.

넷로고는 복잡한 사회현상을 시뮬레이션 하기 위한 다중 에이전트 프로그램 언어를 통한 모델링 환경을 제공한다. 다중 에이전트를 이용한 시뮬레이션은 일정한 규칙을 따르는 미시적인 개체인 에이전트의 활동이 거시적인 자연적·사회적 환경의 변화와 어떠한 관계에 있는지를 보려하는게 유용하다. 다시 말하자면, 실제 세계에서 일어나고 있는 복잡한 상황을 계열 에이전트인 터틀과 환경 요인인 패치를 이용하여 이해하고 예측할 수 있다.

4. 비어게임(Beer Game)

비어게임은 1960년대 메사추세츠 공과대학(MIT)에서 맥주공급을 통해 생산시스템과 분배시스템을 설명하기 위하여 개발된 비즈니스모델 시뮬레이션 게임으로 맥주분배게임이라고도 한다.

넷로고의 비어게임은 맥주의 공급망을 이용한 다중 에이전트 시뮬레이션 의사결정 모델이다. 게임 참가자들은 주문량 결정정책, 운송 지연시간 그리고 수요 및 재고량에 관한 정보의 제공범위 등을 변경하면서 공급망관리(SCM: Supply Chain Management) 이론에서 널리 알려진 이른바 채찍효과(Bullwhip effect)를 실제로 확인할 수 있다.

넷로고에서 제공하는 비어게임은 맥주를 생산하는 공장(F), 물류센터(D), 도매점(W), 소매점(R)까지 이르는 4단계의 공급망을 중심으로 이루어진다. 비어게임은 4명이 한 팀이 되어 시뮬레이션이 진행된다. 각 참가자는 공장(F),

물류센터(D), 도매점(W), 소매점(R) 중 하나를 책임진다. 임의의 소비자가 소매점에 맥주주문을 내면, 소매점은 소비자의 수요에 따라 자신의 재고범위에서 소비자에게 맥주를 판매한다. 같은 방식으로 소매점은 도매점, 도매점은 물류센터, 그리고 물류센터는 공장에 맥주를 주문하고 공장에서는 이같이 주문받은 맥주 주문량을 합산하여 그 만큼의 맥주를 생산하여 공급한다.

[그림 6-1] 비어게임의 공급망 흐름도

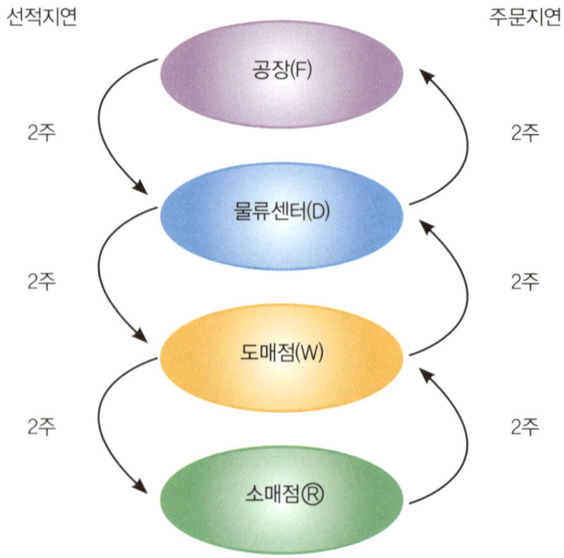

예를 들어, 위의 그림을 보면 도매점의 입장에서 소매점은 고객이 되고 물류센터는 공급자가 된다. 이때 이 같은 비어게임의 공급망 각 단계에서 주문을 처리하는데 일정 기간의 주문지연과 선적지연이 발생한다고 가정한다. 주문지연은 공급망 참여업체 중의 하나가 주문한 주문량 정보가 취합되어 업스트림에 있는 업체에 도달하는 데 걸리는 시간을 의미하며, 선적지연은 해당 주문량을 주문업체에 선적하는 데 걸리는 시간을 의미한다. 비어게임에서는 주문지연과 선적지연이 각각 2주가 발생한다고 가정한다. 따라서 비어게임의 공급망에서는 다운스트림에 있는 업체가 바로 윗단에 있는 업스트림 업체로부터 주문한 맥주를 받을 때까지 걸리는 시간은 모두 4주가 된다. 그러나 이는 해당 업스트림 업체의 재고가 충분한 경우이고, 만약 재고가 충분치가 않다면 소매점의 주문이 공장에 도달하여 다시 소매점에서 물건을 받을 수 있는 시간은 12주가 걸리게 되고, 공장 대신에 물류센터에서 재고를 가지고 있다면, 8주의 시간이 걸리게 된다.

비어게임의 목적은 게임을 하면서 발생되는 비용을 최소화하는 데 있다. 이때, 고려해야 할 사항은 다음과 같다.

첫째, 비어게임에서 발생하는 비용은 재고유지비용과 재고부족비용이다. 맥주 한 박스의 재고유지비용은 주당 $0.5이며, 재고부족비용은 $1이다.

둘째, 비어게임의 공급망업체는 $1를 기본적으로 배팅한다.

셋째, 각 업체(게임 참가자)는 재고가 12상자가 있고, 초기 최종고객의 수요는 주당 4상자로 가정한다. 게임이 시작되어 몇 주가 지나게 되면 각 업체는 주문을 하고 재고를 기록하기 시작한다. 초기 4주 동안의 최종고객 수요는 주당 4박스로 일정하고, 4주가 지나면 최종고객 수요가 랜덤하게 변한다.

넷째, 비어게임 참여 업체는 50주 동안 시뮬레이션을 하지만, 실제로는 36주만 실행된다. 이는 참여 업체가 쫓기는 상황에서 의사결정을 하는 것을 피하도록 하기 위함이다.

다섯째, 비어게임에 참여하는 업체는 현재재고, 재고부족량 그리고 바로 윗단의 업스트림 업체로부터 매주 공급받은 공급량을 기록한다. 그러나 참여 업체들 간의 정보교환은 주문과 선적을 통해서만 전달된다. 또한 최종고객의 수요는 어떤 참여 업체에게도 알려지지 않는다. 단지 소매상만이 게임이 진행되면서 최종고객의 수요를 알 수 있다.

다음의 그림은 넷로고의 비어게임에 8명의 참가했을 때의 화면이다. 게임의 참가자들은 참가한 순서대로 공장, 분배센터, 도매점 그리고 소매점의 역할을 할당 받는다.

[그림 6-2] 넷로고의 비어게임 실행화면

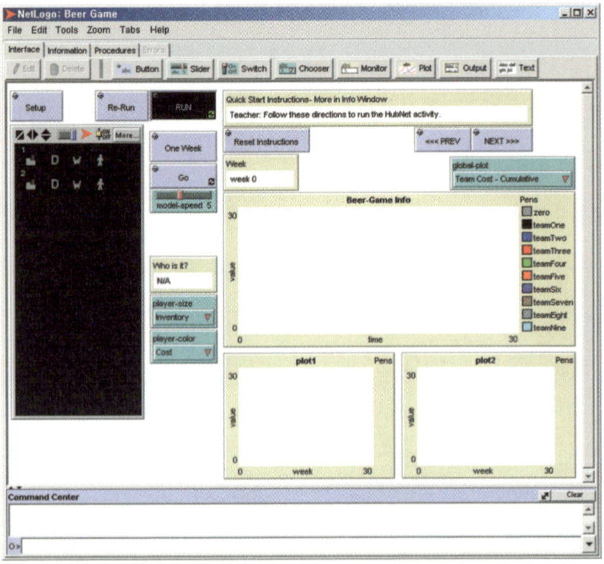

게임의 지휘자는 'Setup'버튼을 눌러서 게임을 초기화시킨다. 그리고 'model-speed' 슬라이더를 이용한 후에 'Go'버튼을 클릭하면 시뮬레이션이 실행된다. 시뮬레이션이 실행되면, 게임의 참가자들은 클라이언트 창에서 버튼을 조정

[그림 6-3] 클라이언트의 시뮬레이션

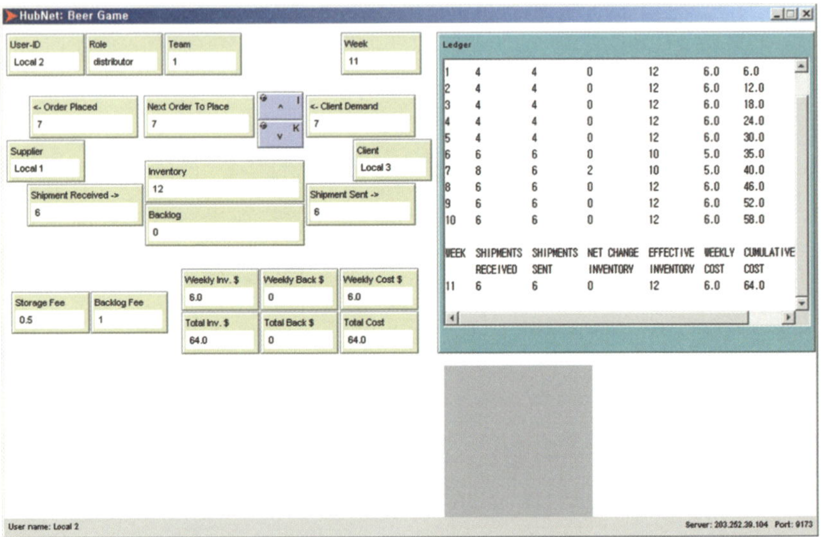

함으로써 다음 주문량(Next Order To Place)을 결정할 수 있다. 또한, 각 주차의 시뮬레이션 결과가 우측의 'Ledger'창에 'Shipment Received' 정보부터 'Order Sent'정보까지 나타난다. [그림 6-3]은 1팀의 분배센터의 클라이언트 시뮬레이션 화면이다.

또한 지휘자의 창에서는 많은 정보들이 확인 가능한데 [그림 6-4]를 참고하도록 하자. 우선, 'Beer-Game Info' 플롯 위를 보게 되면, 'global-plot' 선택자를 확인할 수 있다. 이 선택자의 기능은 플롯 상에 어떠한 자료의 그래프를 표시할지를 선택하는 것으로서 소매점의 재고부터 팀의 누적비용까지 다양한 정보를 그래프로 확인할 수 있다. 또한, 시뮬레이션의 중앙에는 두 개의 선택자가 있다. 첫 번째 선택자는 시뮬레이션 참가자의 재고 혹은 비용에 따라서 크기를 다르게 나타낼 수 있고 두 번째 선택자는 재고와 비용에 따라서 색깔을 다르게 나타나도록 할 수 있다. 하지만, 모두 'None'에 선택자를 위치시키면 크기와 색깔은 변하지 않고 모두 회색으로 보일 것이다.

[그림 6-4] 시뮬레이션의 지휘자 화면

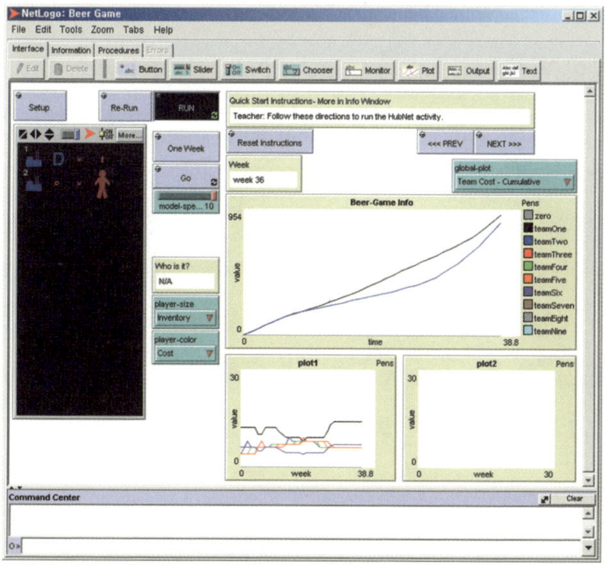

그리고 'plot1'과 'plot2' 플롯에는 그래픽 윈도우상에 참가자를 선택하여 선택된 참가자의 정보를 확인할 수 있다. 그래픽 윈도우 창의 팀1의 'D' 그림을 클릭하면 [그림 6-5]와 같이 'User Choice'가 나타남을 확인할 수 있다. 'User Choice' 박스에는 4개의 버튼이 존재하는데, 'Continue' 버튼을 클릭하면 아무런 변화 없이 시뮬레이션을 계속 진행시키게 되고, 'Plot1'이나 'Plot2'를 클릭하면 현재까지 진행된 시뮬레이션 결과가 지휘자가 선택한 플롯 창에 나타나게 된다. 끝으로 'Halt' 버튼을 클릭하면 시뮬레이션은 중단된다.

[그림 6-5] 지휘자가 그래픽 윈도우를 선택했을 때

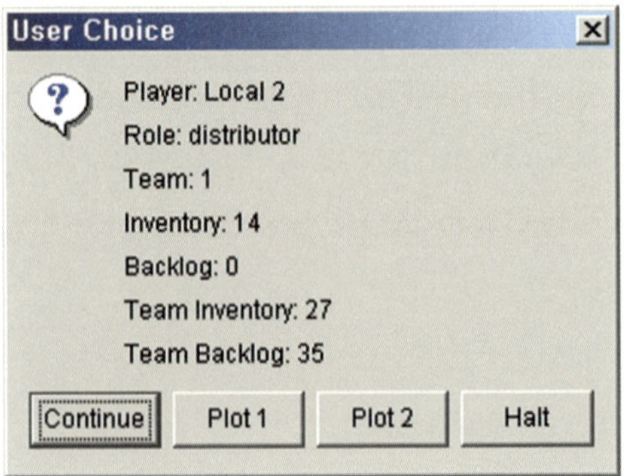

이상과 같이 비어게임에 대한 설명과 넷로고를 통해 비어게임이 어떻게 이루어지는지를 알아보았다. 본 시뮬레이션을 통해서 최종고객의 주문이 단 한 차례만 변해도 소매점부터 공장까지 각 공급사슬은 상부단계로 올라갈수록 주문량이 증폭되는 것을 확인할 수 있다. 특히 시뮬레이션의 참가자들은 고객의 주문량이 실제보다 많을 것으로 생각하는 경향을 보였다. 따라서 비어게임을 통해 시뮬레이션의 참가자들은 각 단계별 수요의 변동성이 증가하는 현상인 채찍효과(bullwhip effect)[3]를 확인해 볼 수 있으며, 이를 통하여 각 단계에서 현실적인 주문량을 결정하는 방법을 추구할 수 있다.

3) 고객의 수요가 상위단계로 전달될수록 각 단계별 수요의 변동성이 증가하는 현상으로서 소를 몰 때, 채찍을 사용하면 손잡이 부분에 작은 힘을 가해도 끝부분에 큰 힘이 생기는 데서 붙여졌다.

5. 레스토랑(Restaurants) 모델

레스토랑 문제의 성격은 단순하다. 즉, 여러분들이 레스토랑을 운영하는 주인이라고 가정하고, 이익을 극대화하려고 한다. 초기에 여러분들은 각자 2천 달러를 지급받고 이를 토대로 음식가격, 음식의 질, 서비스 질, 그리고 음식메뉴를 조정하여 주어진 기간 동안 이익을 극대화하고자 한다. 이 문제에서 우리가 눈여겨보아야 할 경제현상이 하나 있다. 바로 파레토효율성(pareto efficiency)[4)]이라는 현상이다. 즉, 경제주체들이 자기의 이해관계를 극대화하기 위하여 노력을 하면 가장 효과적인 사회적 결과가 유도된다는 것이다. 즉, 레스토랑 주인들은 주어진 조건 하에서 이윤을 극대화하기 위하여 최선을 다할 것이다. 그러면 어떠한 결과가 초래될까? 가장 큰 현상은 고객들의 만족도가 크게 증가될 것이다. 바로 파레토최적의 현상이 나타나는 것이다. 경쟁이 치열한 업종에서 흔히 이러한 현상을 접할 수가 있다. 우리나라의 경우도 특정 업체가 독과점으로 군림하는 시장보다는 여러 업체가 치열하게 생존경쟁을 벌이는 시장일수록 고객만족을 위한 업주의 노력이 지속되다 보니, 결국 해당 업종에서의 고객만족도는 평균적으로 향상되는 이른바 파레토효율성 현상을 볼 수 있다.

레스토랑 모델을 다중 에이전트 시뮬레이션으로 수행하는 과정은 다음과 같다. 우선, 본 시뮬레이션의 플레이어는 2천 달러라는 종자돈으로 레스토랑 운영을 시작한다. 이를 토대로 네 가지의 통제가능변수, 즉 음식가격, 음식의 질, 서비스 질, 그리고 음식메뉴를 조정하여 주어진 기간 동안 이익을 극대화하는 것이 본 문제의 목적이다. 이때 무조건 통제가능변수를 조정해서는 안된다. 왜냐하면 비용이 수반되기 때문이다. 이 비용에는 레스토랑 임대료도 포함된다. 시뮬레이션은 일(day) 기준으로 진행되며, 매일 영업종료 후 결산을 한다. 따라서 플레이어는 매일 자기의 성과를 등수로 확인할 수 있다. 이 시뮬레이션 종료 후 나타나는 플롯은 평균이익, 불만고객 수, 고객만족이다. 경쟁이

---

4) 파레토효율성을 흔히 '효율시장정리'(Efficient Market Theorem)라고도 한다. 시장이 효율적으로 변할수록(즉, 경제주체 간 경쟁이 치열할수록) 사회적으로는 점점 효과적인 결과가 나타난다는 의미이다.

치열 할수록 평균이익은 줄면서 불만고객 수는 줄고, 고객만족은 증가할 것으로 예상된다. 왜냐하면 바로 그것이 파레토 효율성 현상이기 때문이다.

수익을 극대화하기 위하여 각각의 참여자들은 자신이 운영하는 식당에 고객들을 유치하기 위해서 모델에서 제시되는 변수들을 조절한다. 식당의 가격을 결정하는 변수로는 방식과 서비스의 질, 광고, 식당의 유형 등과 같은 것들이 있다. 또한 지휘자는 질적 비용, 임대비용, 광고비용, 내부장식비용을 결정하는 슬라이더를 조정하여 시장환경을 설정한다. 참가자는 하루 동안 이러한 변수들을 자유롭게 변화시킬 수 있다. 초기에 경영자들은 위의 변수들을 조정하면서 시장에서 생존하기 위한 방식을 만들어 나간다. 즉, 이윤을 극대화하기 위해서 각 경영자들은 많은 변수들을 조정하여 고객을 유치하려 하고 고객들은 더 좋은 식당을 찾으려 할 것이다. 따라서 이를 통해 고객의 만족 또한 높아진다. 이것이 바로 시장효율성 이론의 예이다.

넷로고에서 시뮬레이션을 파일 열기를 통해 불러오게 되면 [그림 6-6]과 같은 화면이 나타난다. 본 시뮬레이션의 성격을 나타내는 이름이나 본 시뮬레이션의 진행자를 알아볼 수 있는 이름이나 식별 가능한 이름을 입력한 후에 확인 버튼을 누른다.

[그림 6-6] 허브넷 모델의 셋업 초기 화면

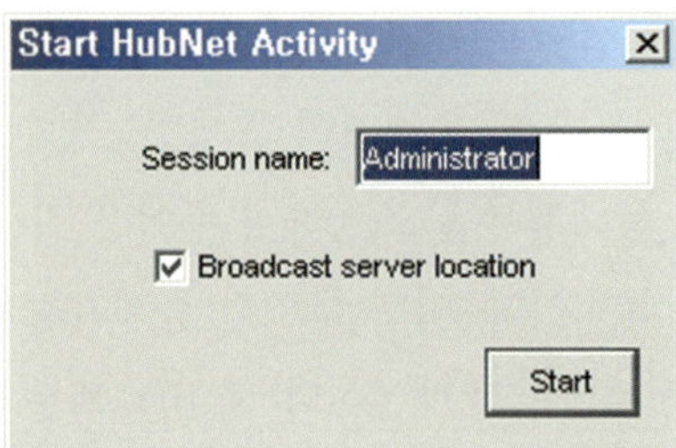

'Start' 버튼을 누르면, 다음과 같이 본 시뮬레이션을 만들 당시 설정해 두었던 화면이 나오게 된다. 시뮬레이션의 지휘자는 슬라이더와 스위치를 조정하여 변수의 초기 값을 설정한다. [그림 6-7]

[그림 6-7] 슬라이더와 스위치 조정 화면

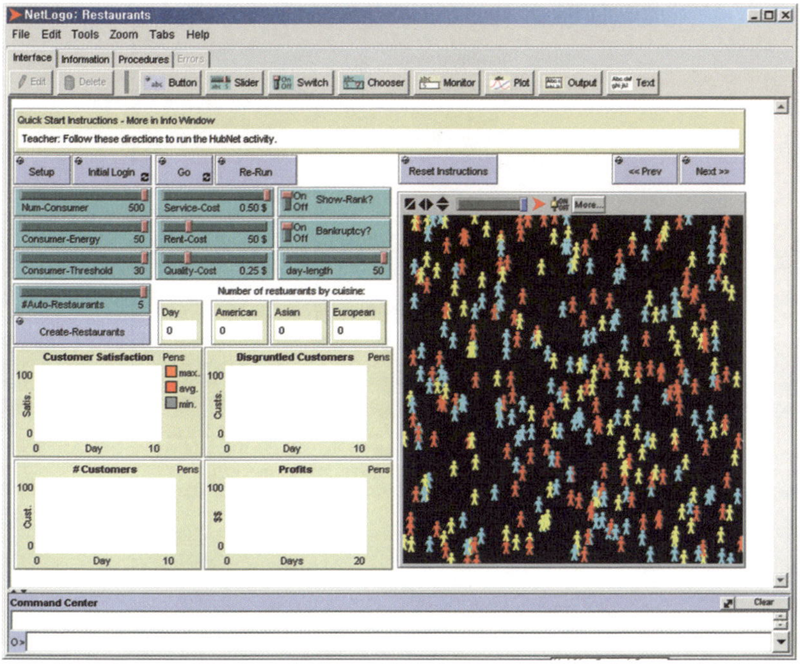

지휘자는 빠른 시행 지침(Quick Start Guide)을 통해서 본 시뮬레이션을 지휘하며, 이전(<<PREW)과 다음(NEXT>>) 버튼을 클릭하여 차례대로 시뮬레이션을 진행한다. 또한 'Reset Instruction'을 눌러서 본 지침을 초기화 시키는 것도 가능하다. [그림 6-8]

[그림 6-8] 빠른 실행 지침(Quick Star Guide)

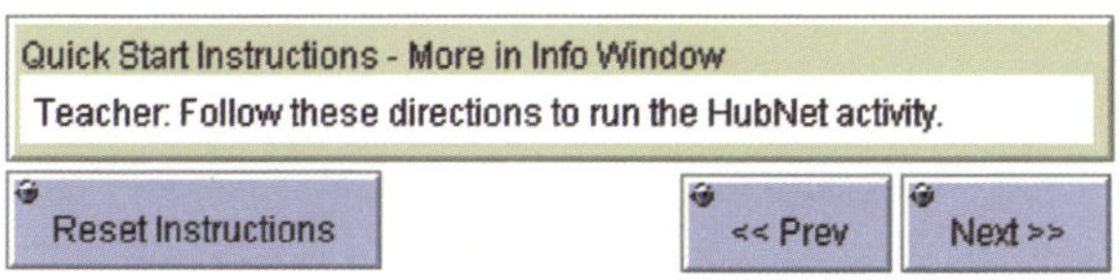

모든 세팅이 끝나게 되면, 'Initial Login'버튼을 클릭하여 본 모델에 클라이언트들이 참가하도록 할 수 있다. 위 버튼을 누르게 되면 보라색의 버튼은 검은색으로 변하게 된다. 참가자들이 서버에 접속하면 [그림 6-9]처럼 허브넷 통제 센터에 접속자의 이름이 표시된다.

[그림 6-9] 허브넷 통제 센터(Hubnet Control Center)

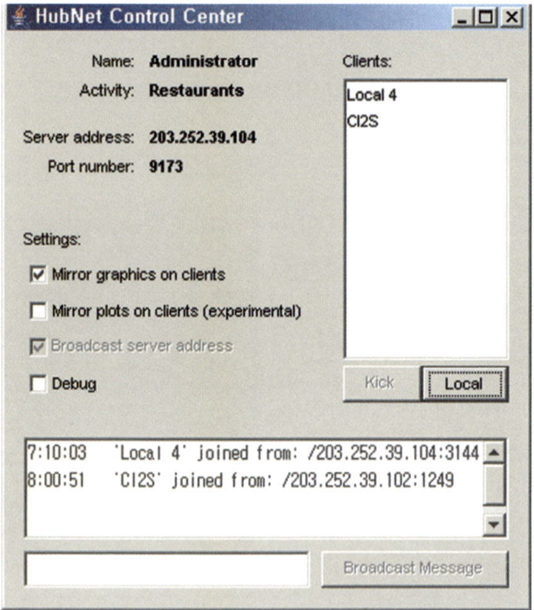

지휘자는 클라이언트가 모두 들어오면 다시 'Initial Login'버튼을 클릭한다. 이 과정이 끝나면 설사 참가자들이 서버에 접속했을지라도 시뮬레이션에는 참가할 수 없다.

참가자들은 시뮬레이션에 참가하기 위해서 허브넷 클라이언트(Hubnet Client) 프로그램을 실행해야 한다. 허브넷 클라이언트를 실행하면 [그림 6-10]과 같은 창이 나타나게 된다.

[그림 6-10] 허브넷 초기 화면

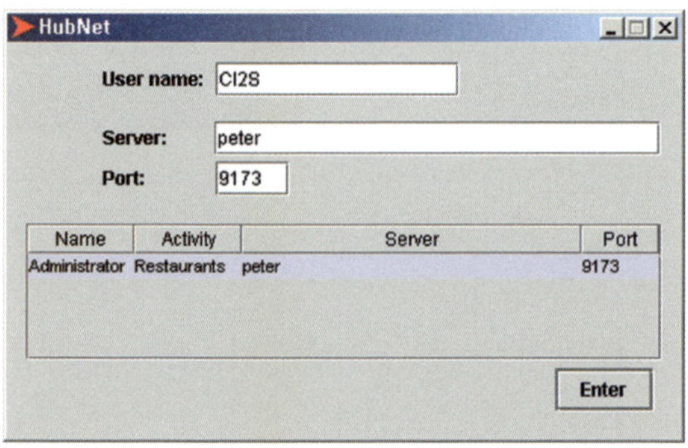

참가자는 본인이 참가하려는 시뮬레이션에 제대로 참가하기 위해 지휘자 컴퓨터의 IP 주소 혹은 본 모델을 진행하고 있는 서버의 이름을 알아야 한다. 참가자가 IP주소를 모를 경우에는 하단 부분에서 진행 중인 시뮬레이션 중에서 참가하고자 하는 부분을 선택한 후 참가할 수 있다. 간혹 동일 IP 주소를 가진 서버의 이름이 여러 개 보일 수 있으나, 이는 모두 같은 것이므로 하나를 선택하면 된다. 시뮬레이션의 지휘자가 'Setup' 과정을 모두 마친 후에 'Initial Login' 버튼을 눌러 참가자를 받으면, 서버를 선택한 후 사용자 이름(User Name)을 입력하여 서버에 접속한다.

다음의 [그림 6-11]은 레스토랑 모델의 허브넷 클라이언트 서버에 접속했을 경우의 초기 화면이다. 각 모니터를 통해서 시뮬레이션이 진행되는 동안 참가자는 다양한 정보를 얻게 된다. 또한 참가자는 시뮬레이션이 진행되는 동안 슬라이더의 조정을 통해서 레스토랑의 하루 수익이 계산된 금액이 계정 잔액의 모니터에 입력되는 것을 확인할 수 있고, 또한 전체 참가자 중에서 현재 순위도 확인이 가능하다.

[그림 6-11] 허브넷 접속 초기 화면

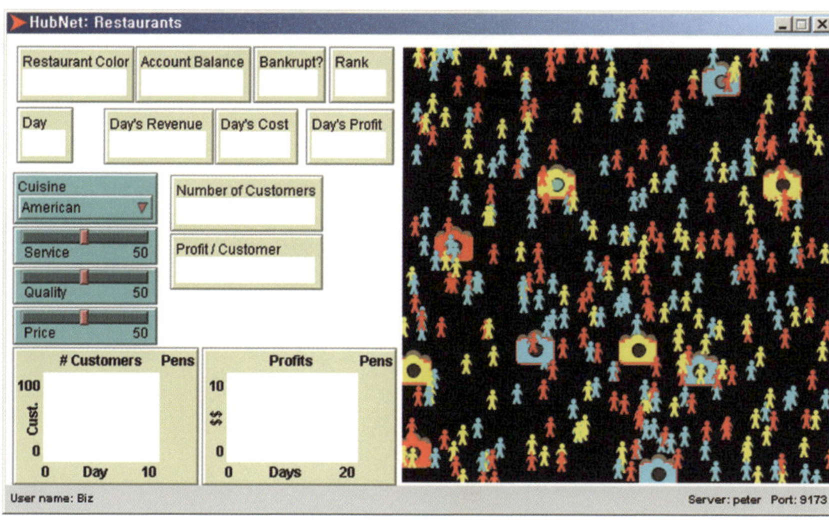

그래픽 윈도우에 보이는 카메라 모양은 시뮬레이션에 참가하게 되는 식당이다. 이 중 카메라의 중앙 부분에 색깔이 채워져 있지 않은 것은 시뮬레이션

의 지휘자가 임의로 만든 식당들이고, 색깔이 채워진 카메라는 참가자들이다. 본 시뮬레이션이 시작되면 터틀은 자신의 지불가능 범위의 식당을 찾아 식사를 하러 움직일 것이고 참가자들은 이윤을 극대화시키고 고객들을 유치하기 위하여 시장에서의 변수를 적절히 조정하려 한다.

이와 같이 모든 준비작업이 끝나면 시뮬레이션의 지휘자는 'Go'버튼을 눌러서 시뮬레이션을 시작시킨다. 참가자들은 허브넷 클라이언트 창에서 식당의 종류, 광고, 가격, 품질을 결정하는 변수를 조정함으로써 식당을 경영하게 된다. 이때, 클라이언트는 전날 수익을 참고하여 변수를 조정하면서 이윤을 극대화하려 한다. 계정 잔액에 표시된 금액순으로 시뮬레이션은 순위를 정하게 되고, 이는 모니터창을 통해서 확인할 수 있다.

시뮬레이션을 진행하게 되면 초반 경영자들이 상황을 파악하고 시장 내에서 식당의 틈새시장을 찾는 데에는 시간이 걸린다. 하지만, 식당 간의 경쟁은 격화되기 시작하면서 경영자들은 자신의 식당에 더 많은 고객을 유치하기 위하여 가격을 낮추거나 품질을 향상시키고 서비스수준을 높이기 시작한다. 이러한 공격적인 경쟁이 지속됨에 따라 경영자들의 평균수익은 서서히 감소하기 시작하였지만, 고객의 평균만족도는 서서히 향상되기 시작하고, 이러한 추세는 시뮬레이션의 후반부까지 이어지게 된다.

7장 인공지능 기반 비즈니스 모델

1절 에이전트 기반 모델링이란?

4차산업혁명시대를 살고 있는 우리는 다양한 언론매체를 통하여 주로 인공지능, 로봇에 관한 얘기를 많이 듣는다. 그리고 앞으로 가까운 미래에 우리의 일자리가 인공지능과 로봇에 의하여 대체될 것이어서 지금부터 준비를 하지 않으면 안된다는 얘기 또한 많이 듣는다. 그래서 그런지 요즘 많은 사람들이 인공지능을 이해하고 현장문제에 적용하기 위하여 파이썬, 머신러닝 등의 전문 코딩 기법을 배우고 있다.

1. 기본로직

그러나, 인공지능 기법 중 '에이전트 기반 모델링'(ABM: Agent-Based Modeling)은 머신러닝이나 로봇과 달리 널리 알려져 있지 않다. 에이전트 기반 모델링 기법은 현실세계의 복잡한 이해관계를 반영하여 적정한 솔루션을 도출할 수 있는 복잡계 모의실험 기법이다. 에이전트 기반 모델링의 기본로직은 다음과 같다.

- 현실세계에서 실제로 이해관계가 다른 개인, 기업, 사회, 정부, 나라 등을 반영한 에이전트를 만든다.
- 해당 에이전트들과 그 에이전트로 구성된 환경을 별도의 조그만 체계로

구성하고 이를 '스몰월드'(small world)라고 설정한다. 해당 스몰월드는 팀, 기업, 사회, 국가 등 다수의 에이전트가 모인 어떠한 형태의 체계를 다 포함한다.

- 해당 에이전트들이 스몰월드 상에서 주어진 시장환경, 법적규제, 경쟁구도 하에서 일정 시간 동안 서로 상호작용, 즉 인터랙션을 하게 한다.
- 스몰월드 상에서 에이전트들이 일정 시간 동안 상호작용을 할 때 타겟 문제의 목적함수 값(예 시장점유율, 구성원 만족도, 비용, 이익 등)이 어떠한 변화를 하는지를 모니터링한다.
- 스몰월드 상에서 어떠한 조건 하에 에이전트들이 상호작용할 때 의사결정자가 원하는 최적의 목적함수 값이 나오는지를 확인하고 이를 최종 의사결정 값으로 한다.

이 같은 에이전트 기반 모델링은 현실세계의 문제가 다양한 이해관계자들로 인하여 복잡할 때 더 적합한 의사결정 방법이다. 그래서 이를 복잡계 의사결정기법이라고 한다. 예를 들어, 2015년 메르스 증상이 크게 문제가 되었을 때에, 보건당국이 해당 메르스 질병이 어떠한 경로로 전파되는지 알아보고자 할 때 에이전트 기반 모델링 기법이 많은 도움이 되었다. 즉, 메르스 바이러스가 감염자의 비말에 의하여 건강한 사람을 어떻게 감염시켜는지를 분석할 수 있다. 당시 메르스 바이러스 감염 특성에 기초하여 이른바 소수의 메르스 환자가 수많은 사람을 감염시키는 이른바 '슈퍼전파자'가 되는 과정을 찾아내는데 에이전트 기반 모델이 사용되어 성과를 거둔바 있다. 이와 같이 에이전트 기반 모델링 기법은 특정 성향의 행위자, 즉 에이전트들 간 상호작용이 일정 기간 이뤄질 때에 그 행위자가 소속된 집단 내에 어떠한 특정 현상이 발현되는지를 알아내는 데 유용한 인공지능 의사결정 도구이다.

2. 타겟문제의 특성

에이전트 기반 모델링 기법에 의하여 해결하는 문제는 다음과 같은 특성을 갖는다.

첫째, 다수의 에이전트가 모여서 상호작용을 한다

둘째, 스몰월드 상에서 이뤄지는 다수의 에이전트 간 복잡한 상호작용을 수리적 모델링으로 표현이 가능하다

셋째, 다수의 에이전트간 상호작용이 복잡다단한 스몰월드상의 제약조건 하에 이뤄진다

넷째, 에이전트간 상호작용의 내용에 따라 스몰월드상 타겟문제가 향후 미래 일정 기간 동안 어떠한 성과 변화를 보이는지를 분석하고자 할 때 유용한 의사결정 방법이다.

3. 에이전트의 특성

에이전트 기반 모델링 방법에서 중요한 역할을 하는 에이전트, 즉 행위자의 일반적 특성은 다음과 같다.

- **자율성:** 에이전트는 주어진 정보를 처리, 분석할 능력을 지니고 있고, 그러한 정보를 바탕으로 독립적 의사결정을 하는 능력을 갖고 있다.
- **이질성:** 각 에이전트는 다른 행위자와 구별되는 고유의 특성과 속성(나이, 성별, 수입, 기호 등)을 지니며, 각각 추구하는 목적이 다르다고 가정한다.
- **목적 중심적:** 스몰월드 상의 에이전트는 각자 추구하는 목적이 다르며 다른 행위자들과 상호작용을 한다
- **제한된 합리성:** 에이전트는 완벽한 합리성을 갖는다고 볼 수 없다. 현실세계에서 움직이는 실제 행위자들은 제한된 합리성을 갖는다. 의사결정 과정 자체가 완벽하지 않다는 의미이다. 따라서, 에이전트 기반 모델링에서의 에이전트도 제한된 합리성을 갖는다고 전제한다.
- **상호작용:** 다른 에이전트와의 상호작용하는 능력이 있으며 상호작용을 통해 에이전트 의사결정에 변화가 발생하거나 스몰월드 상에서 상당한 정도의 변화를 일으킬 수 있다.
- **적응기능:** 에이전트는 변화하는 스몰월드 상 환경에 적응할 수 있다. 즉,

환경 변화에 적합한 행동을 취할 수 있으며 그에 따라 다른 행위자와의 상호작용을 변화시킬 수 있다.

- **학습능력**: 에이전트는 지난 경험으로부터 학습을 할 수 있으며, 지난 경험으로부터 도출된 결과로 행동을 유지하거나 변화하거나 중단할 수 있다.

4. 적용범위

에이전트 기반 모델링 기술은 그 적용 범위가 넓다. 즉, 에이전트간 복잡한 상호작용을 통하여 솔루션이 달라지는 모든 스몰월드 타겟문제는 에이전트 기반 모델링으로 분석이 가능하다. 다수의 행위자들 간에 복잡한 상호작용으로 스몰월드 타겟문제의 솔루션이 달라지는 것은 거의 모든 사회과학문제에 공통적으로 적용된다. 그렇기 때문에 국내시장, 해외시장을 상대로 지금까지 못봤던 새로운 신규 제품과 서비스를 창출하고자 하는 기업가정신 분야에서도 이러한 에이전트 기반 모델링 기법은 유용하다. 즉,

- 경쟁이 더욱 치열해져 가는 비즈니스 환경과
- 다양한 경쟁환경 변수가 폭발적으로 증가하는 국내·외 시장 현황,
- 인터넷과 스마트폰 확산으로 더욱 더 많은 정보를 실시간으로 접하는 타겟고객층을 상대해야 하는 기업의 의사결정자들에게

에이전트 기반 모델링 기법은 매우 유용한 도구가 된다. 이 밖에 에이전트 기반 모델링이 적용되는 분야를 더 자세하게 살펴보자.

- **기업내 팀관리**: 기업 안에는 수많은 유형의 팀조직이 있다. 해당 팀은 팀장을 중심으로 여러 명의 팀원이 공동의 목적을 가지고 성과달성을 위하여 협동한다. 이때 해당 팀원간 경쟁구도, 심리상태, 팀장의 리더십, 팀 문화 등 여러 가지 요인들이 합해져서 해당 팀의 팀창의성이 변한다. 따라서, 이 경우 해당 팀을 스몰월드로 모델링을 하면 전형적인 최적의 팀관리를 위한 에이전트 기반 모델링이 된다.
- **팀창의성, 조직창의성 분석**: 팀창의성에 영향을 주는 팀 구성원, 즉 에이

전트 간 적정한 상호작용 분석이 가능하다. 아울러 여러 개의 팀이 모여서 하나의 조직을 이룰 때 팀창의성을 여하히 관리할 때가 해당 조직 전체의 창의성에 긍정적 영향을 주는지도 에이전트 기반 모델링으로 분석이 가능하다.

- **정책연구**: 정부의 특정 정책이 우리나라 전체 사회를 구성하는 다양한 유형의 에이전트 그룹에 미치는 영향력을 미리 예측할 수 있다. 이러한 작업을 통하여 정책의 방향을 합리적으로 제시할 수 있다.
- **도시계획**: 신도시를 특정 지역에 건설할 때 인구의 이동, 교통량, 물류의 흐름, 인근 도시에 미치는 영향, 환경에 대한 영향 등을 미리 모의실험을 할 수 있다. 도시계획 입안자가 지향하는 정책적 목적이 달성되는 방향으로 도시계획을 보다 더 구체화할 수 있다.
- **소비자행동 추정**: 소비자는 처음 등장하는 신기술, 신제품, 신서비스 등에 대해서 전혀 예측하지 않은 방향으로 행동을 보일 수 있다. 이렇게 되면 기업의 입장에서는 큰 손해를 입을 수 있다. 따라서, 소비자행동을 미리 추정하는 것은 기업경쟁력 강화에 매우 긴요하다. 에이전트 기반 모델링은 신제품, 신서비스에 대해서 타겟시장이 어떻에 구전효과가 발생되고, 이를 통하여 특정 소비자층의 미래행동이 여하히 변할 것인지를 예측하는 데에 효과적이다
- **재난 및 보건 관련 연구**: 코로나 바이러스 확산, 조류독감 확산, 구제역 질병 전파 등과 같이 전세계적으로 유행하는 전염병이 어떠한 경로로 전파되는지, 이를 효과적으로 방지하려면 가장 효과적인 방안이 무엇인지를 알고자 할 때 에이전트 기반 모델링 기법은 효과적이다.

5. 고려하여야 할 타당성

그러나, 여기서 한 가지 짚고 넘어갈 점은 에이전트 기반 모델링 기법은 일반 수학공식이나 알고리즘과 다르다는 것이다. 수많은 에이전트, 즉 행위자들이 각자의 이해관계를 갖고 서로 상호작용을 하는 복잡한 현실세계 안에서 합리적 의사결정 하는 방법을 지원하는 것이다. 기업가를 생각해보자. 이들

은 경쟁기업과 타겟고객, 파트너사, 투자자 등 수많은 이해관계자 안에서 기업을 창업하고 이를 유지관리하는 의사결정자이다. 기업가들은 수많은 이해관계자인 행위자, 이해관계의 충돌, 복잡한 상호작용, 정부의 규제, 경쟁자의 반응 등 복잡한 현실세계 안에서 최적의 의사결정을 하여야 한다. 즉, 복잡계 안에서 의사결정을 하는 사람들이다. 기업가를 지원하는 에이전트 기반 모델링 기법은 다음과 같은 타당성을 확보하여야 한다.

- 미시적 측면의 타당성: 에이전트가 타당하게 설계되었는지, 에이전트 간 상호작용이 적합하게 모델링이 되었는지를 체크하여야 한다.
- 거시적 측면의 타당성: 에이전트가 활동하는 스몰월드 상황의 구성이 타당한지 여부를 검증하여야 한다. 예를 들어, 타겟문제가 고려하여야 할 다양한 요인들이 해당 스몰월드에 적합하게 반영되었는지를 체크할 필요가 있다. 스몰월드 내에서 상호작용을 하는 에이전트에 영향을 주는 요인들이 빠짐없이 반영되었는지를 살펴봐야 한다.
- 출력값 타당성: 에이전트 기반 모델링을 통한 모의실험은 그 결과해석에 유의하여야 한다. 에이전트 기반 모델링은 타겟문제를 스몰월드로 표현한 것이어서 스몰월드에서 얻어지는 출력 값이 숫자로 주어지지 않는 경우가 많기 때문이다. 오히려 미래의 일정 기간 동안에 타겟 출력 값의 변화패턴이 원하는 출력 값인 경우도 많다. 즉, U자 형태로 변할 것인지 (즉, 감소하였다가 일정 시점 이후 상승하는 패턴), 또는 거꾸로 된 U자 형태로 변할 것인지(처음에는 증가하였다가 일정 시점 이후 하락하는 패턴), 단조롭게 증가 또는 감소할 것인지를 보고자 하는 것도 출력 값이 될 수 있다. 이와 같이 에이전트 기반 모델링의 출력 값이 어떠한 형태로 나올 것인지에 대해서 사전에 점검을 해둘 필요가 있다.

2절 공유주방 스타트업 비즈니스 모델 분석

비즈니스 모델을 새로이 세우거나 기존 비즈니스 모델을 수정하고자 할 때 유용하게 사용할 수 있는 도구가 있다. 비즈니스 모델 캔버스다.[1] 영어로는

[그림 7-1] 비즈니스 모델 캔버스(BMC: Business Model Canvas)

<table>
<tr><th>핵심 파트너
(Key Partners)</th><th>핵심 활동
(Key Activities)</th><th>가치제안
(Value Propositions)</th><th>고객관리
(Customer Relationships)</th><th>고객세분화
(Customer Segments)</th></tr>
<tr><td rowspan="3">• 핵심 자원 공급자가 누구인가?
• 핵심 활동을 수행하는 파트너가 누구인가?</td><td>• 우리 회사의 가치창출을 위해 요구되는 핵심 활동은 무엇인가?</td><td rowspan="3">• 고객에게 제시할 수 있는 우리만의 고유한 가치는 무엇인가?</td><td>• 고객을 어떻게 확보할 것인가?
• 고객을 어떻게 유지할 것인가?
• 고객을 어떻게 증대시킬 것인가?
• 고객을 여하히 우리의 비즈니스 모델과 결합할 것인가?</td><td rowspan="3">• 고객을 적절한 마케팅믹스 정책이 수행되도록 세분화
• 비즈니스 전략의 효과가 극대화되도록 고객 세분화</td></tr>
<tr><th>핵심 자원
(Key Resources)</th><th>고객 유통채널
(Channels)</th></tr>
<tr><td>• 우리 회사의 가치창출에 필요한 핵심 자원은 무엇인가?</td><td>• 고객군별로 어떻게 해당 고객들에게 다가갈 것인가?</td></tr>
<tr><th colspan="2">비용구조
(Cost Structure)</th><th colspan="3">수익흐름
(Revenue Streams)</th></tr>
<tr><td colspan="2">• 중요한 비용은 무엇인가?
• 핵심 자원을 들여오는 비용은 어느 정도인가?
• 핵심 활동을 유지하는 데 들어가는 비용은 어느 정도인가?</td><td colspan="3">• 고객은 우리가 제공하는 가치에 대해 어느 정도의 비용을 지급할 것인가?
• 가격 정책은 무엇인가?</td></tr>
</table>

1) B. Kühne, & T. Böhmann(2018). Requirements for Representing Data-Driven Business Models-Towards Extending the Business Model Canvas. Twenty-fourth Americas Conference on Information Systems, New Orleans.

BMC라 하며 Business Model Canvas의 약자다. 이는 비즈니스 모델을 구성하는 9개의 핵심 개념을 하나의 템플릿 안에 넣어 놓은 것이다. 가치제안을 중심으로 하여, 왼쪽에 K로 시작되는 세 가지 요소인 핵심 파트너, 핵심 활동, 핵심 자원이 있다. 그리고 가치제안의 오른쪽에 C로 시작되는 세 가지 요소인 고객관리, 고객세분화, 고객유통채널이 있다. 이렇게 하면 모두 7개가 들어간다. 그리고 밑에 재무 관련 요인은 비용구조와 수익흐름이 추가된 것이 비즈니스 모델 캔버스다. BMC를 그림으로 표기하면 다음 [그림 7-1]과 같다.

이들 9가지 요소를 하나하나 설명하자.

첫째, 가치제안이다. 비즈니스 모델에서 가장 중요한 개념이다. 기업이 타겟 고객에게 제시하는 가치를 말한다. 이러한 가치가 다른 기업에서는 줄 수 없는 가치일 때 해당 기업의 경쟁력은 더욱 증대될 것이다.

둘째, 핵심 파트너는 핵심 자원 공급자와 핵심 협업 파트너가 누구인지를 설명하는 구성 요소이다. 핵심 활동은 가치창출을 위해 반드시 수행되어야 할 활동을 말하며, 핵심 자원은 해당 기업이 가치창출에 꼭 필요한 자원을 의미한다.

셋째, 고객관리는 기 확보된 고객을 유지하는 방안이다. 고객세분화는 자사의 제품과 서비스를 보다 효과적으로 전달하기 위하여 고객 유형을 세분화하는 전략을 말한다. 세분화된 고객별로 별도의 경영전략을 수립하여 적용한다. 고객 유통채널은 세분화한 고객군별로 어떠한 채널로 접근할 것인지를 기술하는 요소이다.

넷째, 비용구조는 경영 활동에서 발생되는 비용의 유형과 그 규모를 의미한다. 비용의 유형별로 비용절감 방안이 달라진다. 수익흐름은 세분화된 고객별로 별도의 가격정책과 비용전략을 구사하여 안정적인 수익을 창출하는 방안이다. 그러한 수익창출 방안은 시장상황의 변화에 따라 유연하게 변화를 줄 필요가 있다.

최근 스타트업계에서는 레스토랑 비즈니스에 관한 혁신적인 비즈니스 모델이 종종 소개되고 있다. 기후 변화에 대응하고 보다 친환경적인 레스토랑 비즈니스를 위하여 식물로만 만든 소고기 제조 비즈니스부터, 인건비절약을 위한 무인 자동 레스토랑도 등장하였다. 이 같은 레스토랑 비즈니스 모델 중 최근 관심을 받는 것이 공유주방이다. 음식을 만들기 위한 레시피만 있으면 누구든 공유주방 안에서 음식을 만들고 이를 배달서비스를 통하여 고객에게 음식을 제공할 수 있다. 공유주방은 우리나라에서도 레스토랑 비즈니스를 꿈꾸는 젊은 창업가들에게 환영을 받는 신 비즈니스 모델이다.

본 사례에서는 공유주방을 이용하여 한식 레스토랑 비즈니스를 하고자 하는 스타트업을 가정한다. 그렇다면 한식메뉴별 식재료 품질결정, 최적 가격결정에 관한 비즈니스 모델을 에이전트 기반 모델링으로 만들어보자.

◆ 1단계: 비즈니스 모델 캔버스 작성

초기의 공유주방 비즈니스 모델에서는 배달서비스를 하지 않았지만 지금은 배달서비스까지 포함하는 것이 일반적이다. 공유주방의 특징은 주방을 갖추고 레스토랑 비즈니스를 하고자 하는 창업가들에게 임대를 한다. 여기에 레스토랑 비즈니스 창업가 간 네트워킹을 도와주고, 현재 팔고 있는 음식메뉴에 대한 피드백, 투자유치, 고객관리와 품질관리 등의 컨설팅 서비스까지 같이 제공한다. 이 같은 공유주방 개념은 레스토랑 비즈니스 인큐베이터로서의 역할까지 포함한다. 공유주방 비즈니스 모델이 갖는 가장 큰 장점은 낮은 임대료이다. 또한 여러 메뉴 음식이 모여있는 푸드코트와 같은 개념으로 직접 방문하는 고객들에게 별도 판매를 할 수도 있다.

본 사례에서 생각하는 공유주방 비즈니스 모델은 다음과 같은 비즈니스 모델 캔버스로 설명할 수 있다.

[그림 7-2] 공유주방 비즈니스 모델(샘플)

<table>
<tr>
<td rowspan="2">Key Partners
1. 공유주방 서비스제공업체
2. 공유 주방 업체로부터 고객관리 및 위생, 판촉활동 수행</td>
<td>Key Activities
1. 공유주방 임대계약
2. 음식의 맛과 품질</td>
<td rowspan="2">Value Propositions
1. 공동 시설 사용으로 인한 비용절감으로 합리적인 가격에 서비스가 가능함
2. 공유주방만의 체계적인 음식조리, 배달, 고객관리 서비스</td>
<td>Customer Relationships
1.Get : 합리적인 가격
2.Keep: 보장된 맛과 서비스품질
3.Grow: 주문데이터 분석으로 고객관리 및 영업관리</td>
<td rowspan="2">Customer Segments
1. 한식을 선호하는 중장년층
2. 배달 음식을 선호하는 고객</td>
</tr>
<tr>
<td>Key Resources
1. 물적자원: 위쿡 가맹비(1400만원)
2. 지적자원: 한식 조리법
3. 인적자원: 조리사
4. 재무자원: 서비스 유지비</td>
<td>Channels
1. 공유주방 내 현장판매
2. 공유주방의 배달 서비스를 이용</td>
</tr>
<tr>
<td colspan="2">Cost Structure
1. 초기 고정비: 가맹비 및 조리기구 확보 비용
2. 변동비: 식재료 품질 수위 및 식재료 단가의 변화
3. 메뉴별 범위의 경제가 발생할 수 있는 특징</td>
<td colspan="3">Revenue Streams
1. 가격의 합리성과 맛의 우수성 재료의 품질 보장
2. 배달음식 혹은 한식, 공유주방내 다른 입점 업체를 기준으로 가격 선정
3. 음식 제공까지의 대기시간 최소화</td>
</tr>
</table>

◆ 2단계: 에이전트 기반 모델링 시뮬레이터 설계

1단계에서 작성한 레스토랑 비즈니스 모델의 예를 토대로 에이전트 기반 모델링 기법으로 비즈니스 모델의 내용을 업그레이드 하는 방법을 생각해보자.

우선 목적부터 다시 한번 확인하고 가자. 비즈니스 모델을 업그레이드 하는데 왜 에이전트 기반 모델링 기법이 필요한가? 그 이유는 다음과 같다.

첫째, 비즈니스 모델이란 경쟁이 치열한 시장 내에서 불특정 다수의 잠재고객과 경쟁기업, 그리고 규제, 문화 등 다양한 환경 요인들 하에서 해당 기업이 경영 활동을 통하여 수익을 창출하고자 하는 로직이기 때문이다.

둘째, 비즈니스 모델에 미치는 요인들의 수가 많고 그들 간의 상호작용 또한 복잡하고 예측이 어렵다. 즉, 그러한 요인들이 비즈니스 모델에 미치는 영향은 분명히 존재하지만 이를 명확하게 분석해 내는 것은 쉬운 일이 아니다.

셋째, 수많은 요인들이 변화무쌍하게 변하고 그 요인들 간 상호작용 또한 매우 복잡한 시장환경, 즉 복잡계 속에서 가동되는 것이 비즈니스 모델이기 때문이다.

1. 목적함수 값

그렇다면 본 공유주방 비즈니스 모델 사례에서 에이전트 기반 모델링을 통하여 도출하고자 하는 목적함수 값은 무엇인가 ? 첫째는 수익을 극대화하는 각 메뉴별 적정가격을 알고자 하며, 둘째는 해당 메뉴개발을 위하여 필요한 식재료의 적정품질수준을 결정하는 것이다. 사실 이 정도 목적함수 값을 알기 위하여 굳이 에이전트 기반 모델링 기법을 사용할 필요가 있을까 라는 의문이 들 수 있다. 최적화 기법 중에서 널리 사용하는 선형계획법은 목적함수를 정의하고 (예를 들어, 수익극대화 또는 비용최소화 등) 각 변수를 제약하는 제약조건을 알기만 하면 어떠한 문제도 분명하고도 깔끔하게 풀 수 있다. 문제는 선형계획법이 풀 수 있는 문제들은 복잡계가 아니라 모든 정보가 주어지고 타겟문제에 영향을 주는 수많은 변수를 정확히 알고 있을 때에만 적용이 가능하다. 비즈니스 모델과 같이 수많은 행위자들 간 이해관계가 (고객, 경쟁기업, 규제당국, 문화 요인 등) 충돌하고 이들 간 상호작용이 복잡한 현실세계에서는 그 같은 선형계획법은 적용이 되지 않는다. 따라서, 복잡한 현실세계 속에서 풀어야 하는 비즈니스 모델 업그레이드는 에이전트 기반 모델링 기법으로 어느 정도 그 해결책을 찾을 수가 있다.

2. 에이전트 정의

한편, 본 문제와 관련된 행위자, 즉 에이전트를 정의할 필요가 있다. 이들 에이전트들이 공유주방 에이전트 기반 모델링에 반영될 행위자들이기 때문이다. 우선 알아둘 것은 앞에서도 설명한 바와 같이 에이전트는 부여받은 속성에 따라 자율적인 의사결정을 한다. 예를 들어, 공유주방의 고객 에이전트는 공유주방으로부터 온라인으로 음식을 주문하는 '온라인 고객 에이전트'와, 공유주방에 직접 나와서 음식을 주문하는 '오프라인 고객 에이전트'로 나눌 수 있다. 이들 외에 공유주방 비즈니스 환경에 영향을 주는 두 고객이 음식점을 결정하는데 공통적으로 고려하는 사항을 기준으로 소비자행동 속성을 부여하였다. 이들 고객 에이전트를 제외한 나머지 유형의 에이전트는 난수를 이용하여 현실세계에서 발생할 수 있는 가능성을 반영하였다. 이같이 난수를 이용하여 일반적으로 정의하기 어려운 행위자들을 고려하는 기능은 에이전트 기반 모델링에서만 볼 수 있는 좋은 의사결정 팁이다.

본 사례에서 고려하는 고객 에이전트들이 관심을 갖는 사항은 다음과 같이 두 가지이다. 즉, 음식의 맛과 품질이 첫 번째 관심사항이고, 두 번째 관심사항은 주문 후 식사를 할 때까지 대기하여야 하는 대기시간이다. 이를 자세하게 설명하면 다음과 같다.

첫째는 음식의 맛과 품질이다. 레스토랑 비즈니스에서는 당연히 고려하여야 할 사항이다. 특히 음식의 맛과 품질에 문제가 있을 경우 고객의 재방문 의도는 사실상 제로가 된다. 이는 레스토랑 비즈니스를 운영하는 기업가에게는 치명적이다. 따라서, 공유주방에서 레스토랑 비즈니스를 하는 기업가 입장에서는 고객의 재방문 의도가 증대될 정도의 식재료의 품질과 가격을 고려하되 수익성 측면에서도 음식가격을 동시에 고려하여야 한다.

고객 에이전트 입장에서 두 번째 관심사항은 주문 이후 음식이 나와서 식사를 할 때까지 기달려야 하는 대기시간이다. 레스토랑 비즈니스에서는 주문 후 대기시간이 매우 민감한 사안이다. 고객 에이전트 입장에서야 주문 후 대기시간이 짧을수록 좋겠지만 공유주방의 경우 주방 안에서 일하는 기업가는 대개 3명을 넘지 않는다. 따라서, 고객의 대기시간을 어느 정도로 유지하느냐는 중요한 의사결정문제가 된다. 고객 대기시간은 너무 길어도 안 되고 그렇다고 대기시간을 무조건 줄이려 하면 인건비가 치솟고 여타 관련 비용이 크게 증대되어 수익성에 부정적 영향을 준다.

따라서, 주문 후 대기시간을 고객불만족 요인이 되도록 고객 에이전트의 속성 설계 시 고려하였다. 이때 각각의 고객 에이전트는 주문 후 대기시간으로 인한 불만족의 정도가 개인마다 차이가 있도록 하였다. 또한, 음식의 품질이 뛰어나거나, 가격이 시장의 평균가격보다 저렴할 경우에는 주문 후 대기시간이 늘어나도 고객불만족이 증가하는 비율을 낮아지도록 설계하였다.

3. 변수 설정

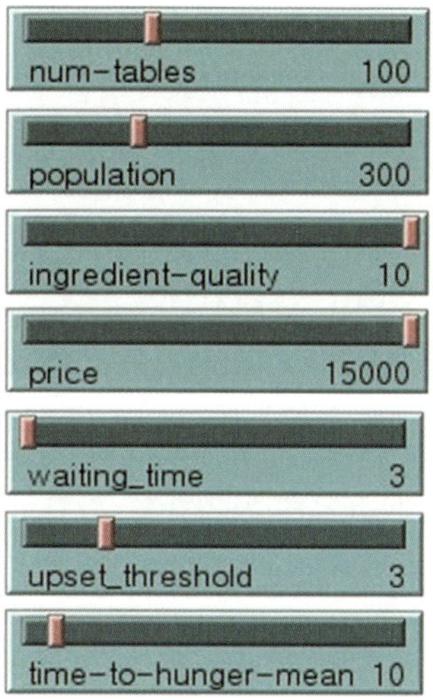

본 에이전트 기반 모델링에서 사용하는 변수는 위 그림에서 보듯이 모두 7개이다.

- num-table은 공유주방에서 수용할 수 있는 고객 수로서 최대 100명으로 가정하였다. 주어진 상황에 맞게 슬라이더 바를 왼쪽 오른쪽으로 움직여서 적정수용인원을 정하도록 하였다.
- population은 본 사례에서 대상으로 하는 공유주방에 대해서 온라인으로 주문하는 고객(온라인 고객 에이전트) 또는 해당 공유주방을 직접 내방하여 주문을 하는 오프라인 고객 에이전트를 합한 숫자를 의미한다. 따라서, 이 population은 공유주방서비스를 이용할 생각이 있는 잠재적 고객 수를 나타낸다. 본 사례에서는 잠재고객 수를 최대 300명으로 가정했다.
- ingredient-quality는 식재료 품질을 나타낸다. 식재료 품질은 음식의 맛과 직결되며, 이 수치가 높을수록 고객은 더 비싼 가격을 지급할 용의가 생기며, 음식의 질도 올라간다. 그러나, 주방에서 음식을 만드는 시간도 길어져서 주문 후 고객 대기시간이 길어질 수 있다. 식재료 품질은 최소 1부터 최대 10까지 설정이 가능하다.

- price는 음식가격이다. 가격이 높을수록 고객은 높은 품질의 음식을 기대하며, 가격에 부응하는 품질과 맛을 갖는 음식을 제공 받지 못하다고 느끼면 재방문 의도는 크게 떨어진다. 반면 음식 값이 낮은 경우는 음식의 품질이 어느 정도 낮아도 고객의 재방문 의도는 크게 떨어지지 않는다. 본 사례에서는 음식가격의 최대 값을 15,000원으로 하였고, 시뮬레이션 시 5,000원, 10,000원, 15,000원 세 가지 경우의 수로 나누어 결과를 도출하였다. 물론 이외에도 15,000원이 넘지 않는 범위에서 음식가격을 마음대로 조정하여 결과를 낼 수 있다.
- wating_time은 주문 후 음식이 나올 때까지 고객이 기다리는 평균 대기시간을 의미한다. 해당 수치를 기준으로 정규분포를 따르는 난수가 고객 에이전트에게 부여되며, 주어진 상황에 맞게 해석하되 일관성 있게만 해석하면 된다. 본 사례에서는 정규분포 값에서 곱하기 5분 정도로 대기시간을 계상하여 해석한다.
- upset_threshold는 고객 대기시간 등으로 불만족 경험을 하는 고객 에이전트가 불만족을 감수하는 평균 횟수를 나타낸다.
- time-to-hunger-mean은 한 번 방문한 고객이 다시 재방문(또는 재주문)할 때까지 걸리는 평균 일수이다. 최대 값은 10일로 잡았고, 이 변수는 평균 대기시간과 같이 정규분포를 따르는 난수로 부여하였다.

4. 고객 에이전트 설정 및 해석

다음의 그림은 에이전트 기반 모델링 시뮬레이션을 수행할 때 93번 고객 에이전트의 상태를 나타낸다. 현재 이 고객 에이전트는 대기시간으로 인하여 이 공유주방에 대해서 이미 2번의 불만족을 경험하였다. upset-number가 2이기 때문이다. 그리고 이 고객은 대기시간에 대한 인내의 정도가 2.63 이어서 (그림에서 accepted-waiting이 2.63임) 앞으로 고객 대기시간으로 인하여 불만족이 1번 더 발생한다면 이 고객의 재방문 의도는 크게 떨어질 것이다.

[그림 7-3] 고객 에이전트 상태 및 해석

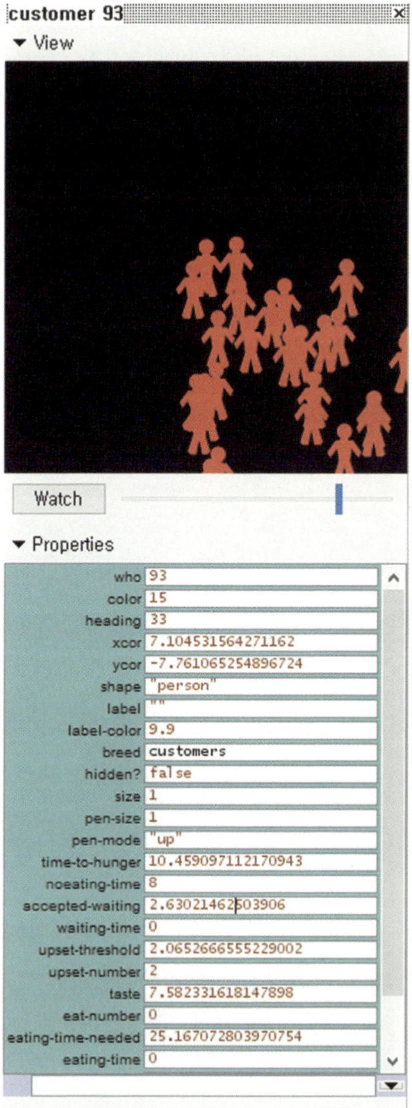

5. 시뮬레이션

에이전트 기반 모델링 시뮬레이션은 아래 그림에서 보듯이 타겟문제의 상황을 그림으로 표현하는 스몰월드가 시각적으로 구동된다.[2)]

이 그림에서 초록색 고객 에이전트는 현재 주문한 음식을 즐기는 고객이다. 반면 노란색 고객 에이전트는 주문한 음식을 대기 중인 고객이고, 빨간색 고객 에이전트는 대기시간이 길어져서 불만이 올라간 고객을 나타낸다. 가장 아래 위치한 Plot은 각각 총수익, 총수입, 총비용을 나타내고 있다.

[그림 7-4] 공유주방 사례를 위한 에이전트 기반 모델링의 스몰월드 예

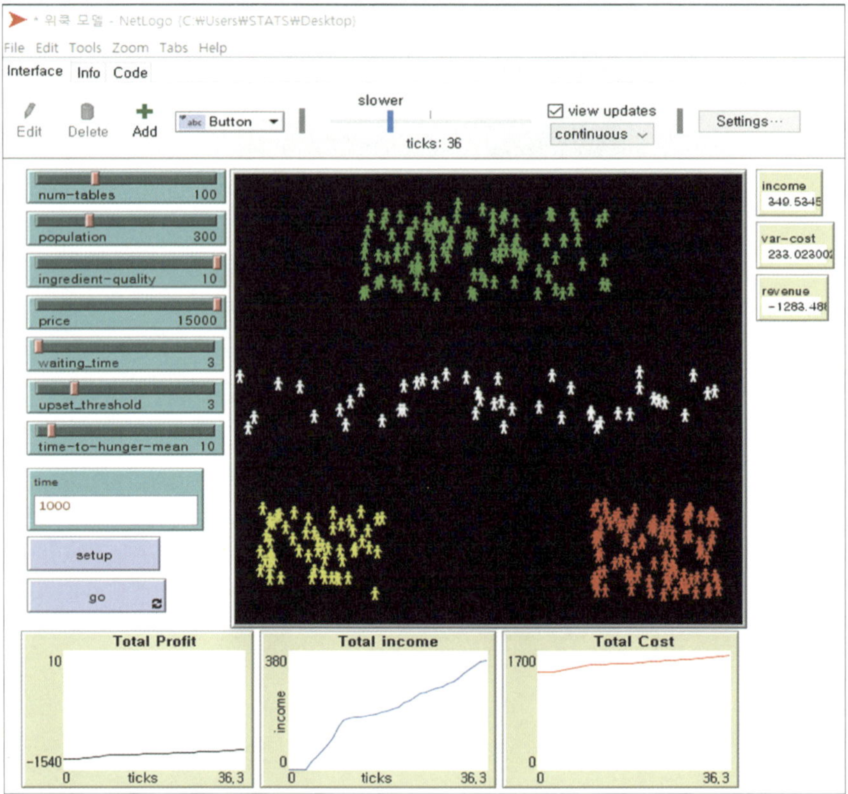

2) 본 사례에서는 에이전트 기반 모델링 구동을 위하여 보편적으로 사용되는 넷로고(Netlogo) 소프트웨어를 사용하였다. 이는 다음과 같은 미국의 노스웨스턴 대학교 사이트에서 다운로드를 받을 수 있다. 넷로고는 다양한 유형의 샘플 프로그램이 많이 개발되어 있어서 사용이 편리하다. (https://ccl.northwestern.edu/netlogo/)

본 사례에서는 수익을 극대화하는 음식의 적정가격과 식재료 품질 수위를 구하고자 한다. 단계별로 설명하면 아래와 같다.

- 수익은 총수입에서 총비용을 뺀 값으로 결정되며, 총비용은 고정비용과 변동비용의 합으로 결정된다. 고정비는 최초로 공유주방을 이용하는 데 드는 비용인 1,400만 원으로 설정하였고, 변동비는 식재료의 품질에 따라 유기적으로 변동한다. 따라서, 변동비는 식재료 품질에 따라 차등적으로 결정되도록 설정하였다.
- 이후 음식가격은 세 가지 경우로 나누었다. 즉, 15,000원(상), 10,000원(중), 5,000원(하)으로 구분하였다.
- 본 시뮬레이션의 목적은 수익을 최대화하는 음식의 적정가격과 식재료 품질의 수준을 찾는 것이다. 시뮬레이션은 가격과 식재료 품질의 조합에 따라 각각 50번씩 수행하였다. 한편, 본 시뮬레이션에서는 컴퓨터 상에서 1,000틱(tick)만큼 돌렸고 여기서 틱이란 현재 스몰월드 상에서 활동 중인 모든 에이전트 들이 각자 자기에게 주어진 조건대로 가동하는 데 걸리는 컴퓨터 상의 시간을 말한다. 따라서, 매 틱마다 타겟문제를 나타내는 모든 에이전트들이 작동을 하면서(또는 상호작용을 하면서) 결과를 낸다. 따라서 1틱에 걸리는 실제 컴퓨터 시간은 주어진 스몰월드 상의 타겟문제의 난이도와 복잡도에 따라 달라진다. 본 사례에서는 1,000틱을 1년 정도의 기간으로 가정하였다.
- 제시된 결과는 50번 수행 후 나온 모든 결과를 평균한 평균 값이다.

6. 시뮬레이션 결과

본 사례의 에이전트 기반 모델링 시뮬레이션 결과는 음식가격에 대한 3가지 경우별로 나누어서 구하였다.

◆ 음식가격이 15,000원인 경우

이 경우 식재료 품질을 10으로 할 때 이익이 1,324로서 가장 커지는 것을 알 수 있었다. 해당 결과 표는 다음과 같다. 여기서 Q는 식재료 품질을 의미한다.

식재료 품질	이익	총수익	총비용	고정비	변동비	고객수 (누적)
Q10	1324.222	8172.666	6848.444	1400.000	5448.444	5447.900
Q9	631.647	5079.117	4447.470	1400.000	3047.470	3385.740
Q8	−165.735	2644.854	2810.589	1400.000	1410.589	1763.060
Q7	−846.185	1038.404	1884.588	1400.000	484.588	692.200
Q6	−1163.636	393.939	1557.576	1400.000	157.576	262.600
Q5	−1341.794	87.309	1429.103	1400.000	29.103	58.200
Q4	−1379.318	28.203	1407.521	1400.000	7.521	18.800
Q3	−1398.728	1.590	1400.318	1400.000	0.318	1.060

한편, 음식가격이 15,000원일 때 식재료 품질별 이익, 총수익, 총비용 추이는 다음과 같다. 가장 왼쪽에서 맨 아래 검은선이 이익, 가운데 파란선이 총수익, 가장 위의 빨간선이 총비용이다.

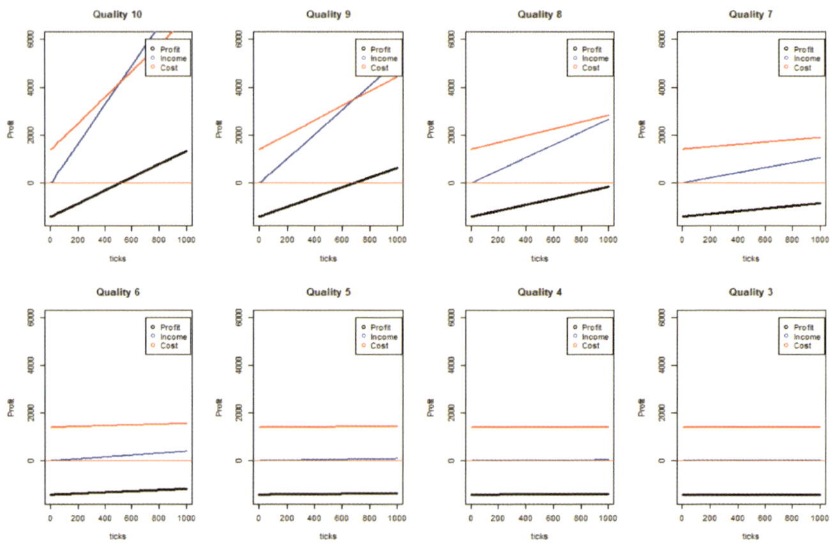

◆ 음식가격이 10,000원인 경우

이 경우 식재료 품질을 7로 할 때가 이익이 3,542로서 제일 높아진다. 해당 결과 표는 다음과 같다.

식재료 품질	이익	총수익	총비용	고정비	변동비	고객수 (누적)
Q10	2258.452	10975.356	8716.904	1400.000	7316.904	10974.260
Q9	2872.827	10682.067	7809.240	1400.000	6409.240	10681.000
Q8	3383.335	10250.004	6866.669	1400.000	5466.669	10248.980
Q7	3542.574	9267.326	5724.752	1400.000	4324.752	9266.400
Q6	3173.465	7622.442	4448.977	1400.000	3048.977	7621.680
Q5	2301.903	5552.855	3250.952	1400.000	1850.952	5552.300
Q4	1060.638	3355.415	2294.777	1400.000	894.777	3355.080
Q3	−8.693	1739.134	1747.827	1400.000	347.827	1738.960

한편, 음식가격이 10,000원일 때 식재료 품질별 이익, 총수익, 총비용 추이는 다음과 같다. 가장 왼쪽에서 맨 아래 검은선이 이익, 가운데 파란선이 총수익, 가장 위의 빨간선이 총비용이다.

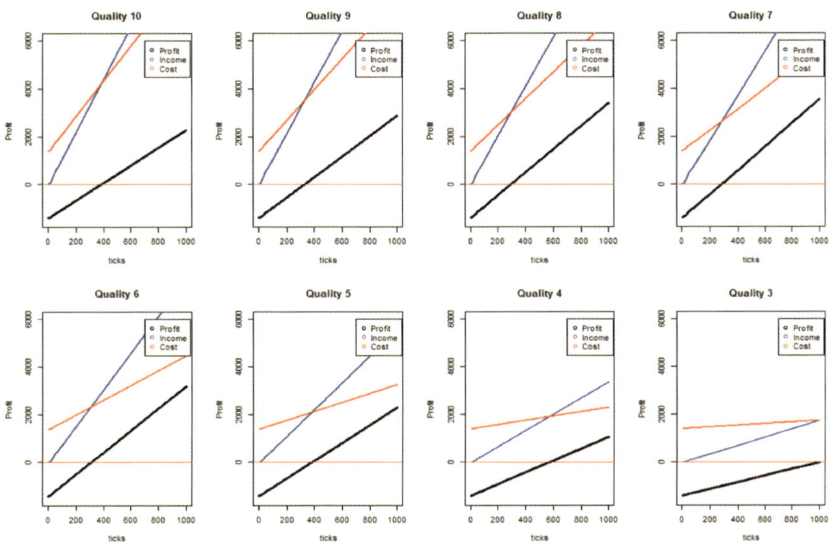

◆ 음식가격이 5,000원인 경우

이 경우 식재료 품질을 3으로 할 때가 이익이 2,693으로서 가장 커지는 것을 알 수 있다. 해당 결과 표는 다음과 같다.

식재료 품질	이익	총수익	총비용	고정비	변동비	고객수 (누적)
Q10	429.026	5487.078	5058.052	1400.000	3658.052	10973.060
Q9	796.043	5490.108	4694.065	1400.000	3294.065	10979.120
Q8	1160.692	5487.198	4326.506	1400.000	2926.506	10973.300
Q7	1510.317	5456.845	3946.528	1400.000	2546.528	10912.600
Q6	1873.507	5455.845	3582.338	1400.000	2182.338	10910.600
Q5	2247.958	5471.937	3223.979	1400.000	1823.979	10942.780
Q4	2547.370	5382.778	2835.407	1400.000	1435.407	10764.480
Q3	2693.249	5116.561	2423.312	1400.000	1023.312	10232.100

한편, 음식가격이 5,000원일 때 식재료 품질별 이익, 총수익, 총비용 추이는 다음과 같다. 가장 왼쪽에서 맨 아래 검은선이 이익, 가운데 파란선이 총수익, 가장 위의 빨간선이 총비용이다.

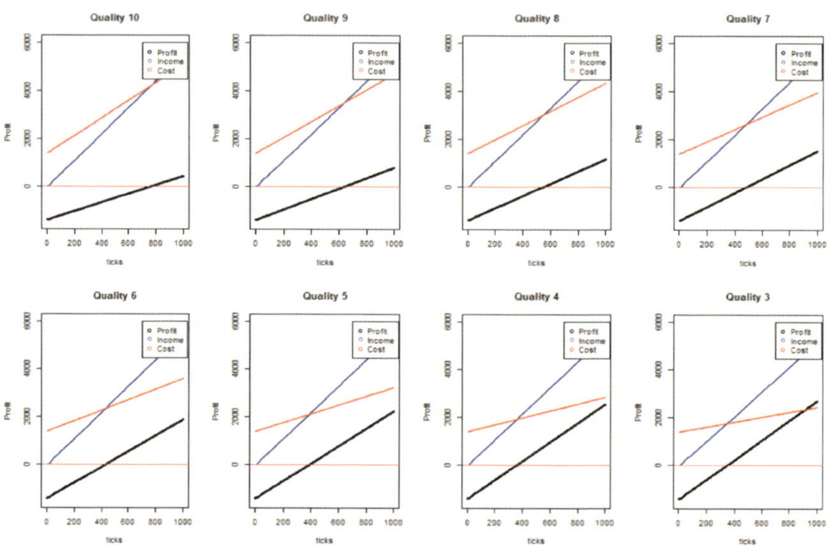

7. 최종결과 요약

지금까지 공유주방 비즈니스 모델을 업그레이드 하기 위한 에이전트 기반 시뮬레이션 결과를 설명하였다. 요약하면 다음과 같다.

- 이익을 가장 크게 하는 음식 적정가격은 10,000원이며 그때의 식재료 품질수준은 7이다. 그리고 그때의 이익은 3,542이다.
- 그러나, 이익이 아니라 총수익을 가장 크게 하는 경영전략을 추구한다면 그때의 음식가격은 10,000원으로 하고 식재료 품질수준을 10으로 유지하는 것이 좋다. 그때의 총수익은 10,975이다.

New Machine Entrepreneurship

3부

뉴 머신시대의 신규 비즈니스 모델

8장 플랫폼 비즈니스

1절 플랫폼 비즈니스 모델

플랫폼 노동자라는 말을 안다면 아마도 당신은 배민(배달의 민족), 배달통 등 배달서비스를 종종 이용하는 고객일 것이다. 그리고 당신은 카카오택시 앱을 이용하여 택시를 불러서 이용한 적이 있는가? 필자가 아는 상당히 많은 사람들은 카카오택시 앱을 이용하여 택시를 편하게 이용하고 있다.

이같이 한국인들이 익히 알고 있는 플랫폼은 카카오택시, 배민, 배달통 등이다. 이들 플랫폼은 소비자와 생산자가 함께 공존하는 말하자면 정거장과 같다. 플랫폼에서는 소비자는 본인이 원하는 서비스를 받기 위하여 플랫폼에 들어가고, 생산자는 그러한 소비자를 만나서 서비스를 제공하고 수익을 내기 위하여 플랫폼에 들어간다. 그러면 플랫폼 노동자는 누구인가? 플랫폼 안에서 소비자와 생산자가 거래가 되었을 때에 생산자로부터 소비자에게 가는 물품을 전달하는 역할을 하는 중간상인이다.

세계적으로 유명한 플랫폼 사업자는 페이스북, 우버, 알리바바 등이다. 이들은 자기들이 직접 제품을 만들거나 하지는 않는다. 플랫폼 사업자들은 단순히 소비자와 생산자를 연결하는 역할을 한다. 즉, 커넥션 서비스를 제공하고 그 중간에서 적정한 수수료를 받거나 광고를 하여 수익을 올린다. 경쟁력 있는 플랫폼 비즈니스 사업자는 거래비용을 줄여줌으로써 소비자와 생산자

간 상호작용을 더욱 활발하게 만들어준다. 그래야만 더 많은 소비자와 생산자가 해당 플랫폼에 의지하고 더 많은 커넥션이 발생하기 때문이다. 플랫폼 비즈니스의 성패는 바로 이 커넥션의 숫자에 달려있다. 더 많은 커넥션이 생겨야만 더 많은 수익과 광고수익으로 연결되기 때문이다. 플랫폼 비즈니스에서는 이같이 더 많은 커넥션이 생기도록 하는 혁신기술 개발에 총력을 기울인다. 이를 커넥션 기술이라 한다. 커넥션 기술 혁신 중의 대표는 페이스북이 자랑하는 '좋아요'라는 엄지척 아이콘을 곳곳에 노출시키는 기술이다. 페이스북 마크와 함께 이 좋아요 라는 엄지척 아이콘이 많을수록 해당 제품과 서비스는 더 많은 주목을 끌게 된다. 그리고 이는 곧 그 몇 배의 커넥션으로 연결되면서 막대한 수익창출로 연결된다. 좋아요 라는 엄지척 아이콘이 얼마나 중요한 커넥션 기술인지를 쉽게 이해할 수 있는 대목이다.

그렇기 때문에 플랫폼은 단순히 비즈니스 모델이 아니다. 이는 커넥션 기술이 모두 동원되는 첨단기술의 장이다. 많은 사람들은 플랫폼을 단순히 모바일 앱 정도로만 이해하는데 이는 플랫폼에 대한 정확한 이해가 될 수 없다. 플랫폼은 비즈니스 모델 그 자체이면서 아울러 소비자와 생산자를 연결하는 커넥션 기술 그 자체이다.[1] 따라서, 플랫폼이라는 말은 단순히 마케팅 용어가 아니다. 이는 철저히 비즈니스 모델이며 커넥션 기술을 의미한다. 그렇기 때문에 인공지능을 적용할 수 있는 여지가 대단히 많은 비즈니스 모델이 바로 플랫폼 비즈니스 모델이다.[2]

그러면 플랫폼 비즈니스를 보다 더 정확히 이해할 수 있도록 하기 위하여 플랫폼 비즈니스의 반댓말을 생각해보자. 정답은 '선형 비즈니스'이다. 영어로 말하면 리니어 비즈니스, 즉 linear business이다. 리니어란 선형, 즉 소비자와 생산자가 일 대 일로 연결되는 비즈니스이다. 그렇기 때문에 생산자 입장에서는 선형 비즈니스가 더 편하고 분명할 수 있다. 제품 생산, 재고, 공급망관리

---

1) 이도형(2019). 플랫폼 비즈니스 모델 분석을 통한 창업기업들의 전략수립을 위한 연구. 사회과학연구, 26(1), 206-223.

2) https://www.applicoinc.com/blog/platform-vs-linear-business-models-101/

등 모든 것이 생산자에서 소비자쪽을 향하여 선형으로 연결된다. 생산자 입장에서는 이해도 쉽고 관리도 상대적으로 쉽다. 그런데 여기에는 문제가 있다. 해당 제품이나 서비스를 사용할 수 있는 잠재소비자 발굴에 비용이 많이 든다. 또한 기존 소비자를 충성고객으로 만드는 데에도 오랜 시간과 비용이 든다.

플랫폼 비즈니스를 고속버스 터미널로 비유를 해보자. 고속버스 터미널을 이용하는 고객은 운송서비스를 받기 위하여 그곳을 방문한다. 그곳에는 불특정 다수의 고객을 목적지까지 태우고 가기 위하여 운송서비스를 제공하는 버스사업자들이 있다. 전국 주요 도시를 오고가는 버스사업자들이 많으면 그 서비스를 이용하고자 더 많은 고객이 터미널로 올 것이다. 이와 같이 고객과 버스사업자 간의 관계는 1 대 1의 관계를 가지고 있다. 선형 비즈니스는 이같이 제품과 서비스를 제공하는 생산자가 공급망의 상류에 속해 있다. 생산자가 생산한 제품과 서비스는 공급망이라고 하는 강물의 하류쪽에 위치한 소비자를 향하여 배송된다. 그렇기 때문에 생산자에서 소비자까지 선형의 연결선이 그려지고 그래서 선형 비즈니스라고 부른다. 선형 비즈니스 사업자는 자체 재고를 관리하여야 하고 배송단계에도 관여하여야 한다. 이렇게 보면 수많은 영화, 드라마 등 콘텐츠를 온라인 스트리밍 서비스로 제공하여 경쟁력을 확보하고 있는 넷플릭스도 선형 비즈니스 사업자에 속한다.

2절 플랫폼 비즈니스와 선형 비즈니스 간 차이

플랫폼 비즈니스인 페이스북, 애플, 아마존, 구글은 이미 세계적인 경쟁력을 갖춘 기업이 되었다. 이들 기업들은 자사가 가지고 있는 첨단기술력을 자사가 운영하는 플랫폼의 경쟁력을 강화하는 데 사용하고 있다. 그러나, 많은 사람들은 이들 기업들이 기술력이 뛰어난 기술회사로 오인하고 있다. 그들의 화려한 인공지능 기술력 때문에 그들이 플랫폼 비즈니스 기업이라는 사실을 착각하고 있는 것이다.

이들 기업은 플랫폼 비즈니스 모델을 가지고 성공을 한 기업들이다. 그렇기 때문에 플랫폼이라는 단어를 정확히 이해를 할 필요가 있다. 플랫폼 비즈니스가 아닌 기업을 선형 비즈니스 기업이라 한다. 선형 비즈니스 기업은 우리가 아는 일반적인 기업들이다. 즉, 제품과 서비스를 만들어서 이를 공급망 하류에 위치한 고객들에게 판매하여 이익을 창출한다. 따라서, 전통적인 기업인 선형 비즈니스 기업들은 자체적인 생산설비를 갖춘 경우가 많으며, 유통전문회사라면 큰 창고와 매장설비를 갖추고 고객들에게 제품과 서비스를 판매한다.[3)]

20세기 초부터 현대 산업사회를 주름잡아온 기업들은 대부분 선형 비즈니스 업계에서 성공한 기업들이다. 스탠다드 오일, 제너럴 모터스(GM), 유에스 스틸, 제너럴 일렉트릭(GE), 월마트, 도요타, 엑슨 모빌 등이 대표적인 선형 비즈니스 기업들이다.

반면에 우리가 흔히들 기술회사라고 부르는 페이스북, 아마존, 애플, 구글은 플랫폼 비즈니스 기업들이다. 그들이 보유한 첨단기술은 하나같이 그들이 운영하는 플랫폼에 더 많은 고객을 끌어들여서 거래비용을 낮추기 위하여 사용되는 촉진자, 즉 인에이블러(enabler)이지 해당 기술이 목표가 아니다. 이러한 관점에서 페이스북, 아마존, 애플, 구글과 더불어 팡(FAANG)이라고 하는 기술회사 중 하나인 넷플릭스는 플랫폼 비즈니스 기업이 아니다.

- 넷플릭스는 모던하고 깔끔한 사용자 인터페이스를 자랑하는 웹사이트를 운영한다.
- 그리고 자사의 데이터를 공개하고 이를 이용하여 보다 더 개선된 인공지능 추천 알고리즘을 개발한 빅데이터 분석 전문가들에게 백만 달러 상금도 기꺼이 쾌척하는 기술회사이다.

---

3) https://fourweekmba.com/linear-vs-platform-business-models/

그럼에도 불구하고 넷플릭스는 플랫폼 비즈니스 기업이 아니다. 왜냐하면 넷플릭스는 동영상 콘텐츠를 라이센싱을 하거나 신규 동영상을 제작하여 이를 고객들에게 판매하는 것으로 수익을 올리기 때문이다. 자사의 플랫폼에서 소비자 간 커넥션을 추구하여 수익을 올리는 기업이 아니다. 아무리 인공지능 기술을 이용하는 기업이라 할지라도 그 기업이 운영하는 웹사이트가 자동적으로 플랫폼이 되는 것은 아니다.

플랫폼은 방문하는 고객 간 커넥션이 발생하도록 설계된 사이트다. 그러다 보니 플랫폼은 두 가지 핵심 요소를 반영하여 설계되어 있다. 하나는 '네트워크 효과'이고, 또 하나는 '정보제품의 경제'이다. 하나하나 설명해 보자.[4)]

- 우선 네트워크 효과이다. 네트워크 효과란 해당 네트워크에 신규 고객이 들어올 경우 기존 고객이 추가로 얻을 수 있는 혜택을 의미한다. 신규 고객이 들어올 때마다 기존 고객이 얻는 혜택이 커진다면 플랫폼 비즈니스 기업의 논리는 명확해진다. 여하히 신규 고객을 늘리느냐에 있다. 그렇기 때문에 플랫폼 비즈니스 기업들이 일견 첨단 인공지능기술을 적용하는 기술기업으로 보이지만 실제로는 그러한 기술들은 하나같이 자사 플랫폼에 신규 고객이 더 많이 들어오도록 하는 촉진자 역할을 한다.
- 정보제품의 경제에서 정보제품이란 information goods, 즉 정보가 하나의 제품처럼 간주되고 거래된다는 의미이다. 정보제품의 대표적인 예는 앱, 디지털 음악파일, 전자책 등이다. 이들은 신규로 제작하는 데에는 돈이 꽤 들지만, 일단 만들기만 하면 복제품을 만드는 데 비용은 거의 제로에 가깝다. 이를 경제학 용어를 사용하여 설명하면 복제품 제작에 들어가는 한계비용이 거의 제로에 가깝다는 의미이다. 또 하나 알아야 할 것은 정보제품의 복제품을 배포하는 데 들어가는 한계비용 역시 거의 제로에 가깝다. 정보제품은 고객이 자사 플랫폼 상에서 가격을 지급하고 알아서 다운로드를 받아가기 때문이다. 정보제품의 경제는 이와 같이 정보제품 자체의 특성상 복제품을 만들거나 배포를 하는 데 들어가는 한

4) https://www.applicoinc.com/blog/platform-vs-linear-business-models-101/

계비용이 거의 제로에 가깝다는 것을 의미한다.

선형 비즈니스에서는 매출규모를 늘리려면 그만큼 제조설비를 늘리고 창고시설도 늘려야 한다. 아울러 이를 관리하고 일을 해줄 직원 수도 늘려야 한다. 선형 비즈니스는 매출규모 그 자체를 늘리는 것 만큼 인적·물적투자를 해야 한다. 물론 어느 정도 매출이 늘어날 때까지는 오히려 매출 대비 투자비용이 줄 수도 있다. 원자재를 더 크게 도입하면 할인을 많이 받을 수 있기 때문이다. 더욱이 공장자동화를 통하여 생산효율성을 늘리면 늘어나는 매출 대비 단가를 줄일 수 있다. 그러나 일정 수준 이상 매출이 늘어나면 그만큼 비용이 반드시 증가하게 되어 있다.

반면 플랫폼 비즈니스는 네트워크 효과를 더욱 크게 하면 되기 때문에 커넥션만 늘리면 매출은 자연스럽게 커진다. 그것도 늘어난 커넥션 대비 더욱 큰폭으로 매출이 늘어난다. 결국 매출규모가 커지면 커질수록 오히려 커넥션을 늘리는 데 들어가는 단위당 비용은 더 떨어진다. 더 경제적이고 더 효과적인 비즈니스가 플랫폼 비즈니스인 것이다.

선형 비즈니스에서는 매출을 X축으로 하고 단위당 비용을 Y축으로 하면 U자형 커브가 나온다. 반면 플랫폼 비즈니스에서는 L자형 커브가 되면서 매출이 늘수록 커넥션당 비용이 줄어든다.

그런데 여기서 한 가지 우리가 짚고 넘어갈 점이 있다. 애플과 아마존은 여전히 선형 비즈니스도 하고 있다. 애플의 경우 아이폰, 맥 등과 같이 하드웨어를 고객에게 판매하고 있다. 이는 전형적인 선형 비즈니스이다. 그런데 여기서 기억할 것은 애플이 아이폰을 팔때 외치는 슬로건이다. “아이폰을 사시면 애플 앱을 사용할 수 있어요.” 이 슬로건은 아이폰 사용자로 하여금 애플 앱을 사용하는 거대한 플랫폼이 당신을 기다리고 있음을 알려주는 내용이다. 우리도 잘 아는 바와 같이 애플은 한때 매우 폐쇄적인 생태계를 고집한 적이 있다. 초창기 개인용 컴퓨터를 팔던 시기다. 당시 애플의 매킨토시 컴퓨터는 폐쇄적인 하드웨어 정책과 소프트웨어 정책으로 호환되는 하드웨어와 소프트웨어가 매우 빈약하였다. 그리고 경쟁사인 마이크로소프트사에 밀려 시장에서 거의 퇴출될뻔 하였다. 이 일로 창업자였던 스티브 잡스는 애플에서 실제로 퇴출되었다가 나중에야 다시 컴백할 수 있었다.

스마트폰 시장에서 애플은 과거 개인용 컴퓨터에서 얻었던 교훈을 잊지 않고 철저하게 플랫폼 비즈니스 기업으로 성공하였다. 아이폰 자체 기능이야 다른 경쟁사들이 금방 모방하여 쫓아올 수 있지만, 네트워크 효과 같은 것들은 쉽게 모방하기가 어렵다. 오늘날 애플의 엄청난 성공은 바로 이러한 선형 비즈니스와 플랫폼 비즈니스를 결합한 하이브리드 비즈니스 모델 덕을 톡톡히 보고 있다.

아마존도 애플과 같이 선형 비즈니스와 플랫폼 비즈니스를 결합한 하이브리드 비즈니스 모델을 구사하여 시장에서 큰 성공을 거두고 있다. 아마존이 자사 플랫폼에서 파는 제품 중 대부분은 타사제품들로 이루어져 있다. 그리고 여기에 아마존은 해당 타사로 하여금 자사 플랫폼에서 판매되는 제품에 대해서 자사의 배송 물류체제를 사용하도록 한다. 물론 수수료를 받는다. 그야말로 꿩먹고 알먹는 방식이다. 아마존 플랫폼이라는 막강한 플랫폼이 있기 때문에 가능한 수익창출 방식이다. 그것만이 아니다. 아마존은 광고수익으로도 연간 50억 달러 가량 벌어들이고 있다. 아마존의 플랫폼에는 월간 1억 5천만 명이 방문하고 있다. 또한 연간 3억 명 이상의 열성 고객층이 수시로 방문하는 사이트이다. 그러다보니 광고주 입장에서는 아마존 플랫폼 상에 광고를 할만한 충분한 이유가 생기기 마련이다. 아마존의 눈부신 성공은 아마존이 운영하는 플랫폼의 막강한 힘 때문만은 아니다. 선형 + 플랫폼 비즈니스가 가져오는 폭발적인 상승효과 때문이다.

미국의 주식가격을 대표하는 지수 중 S&P 500은 가장 신뢰받는 대표적 지수이다. S&P 500 지수 상으로 볼 때 시가총액 기준으로 상위권을 차지하는 대부분의 기업은 플랫폼 비즈니스 기업들이다. 이들 기업들은 선형 비즈니스 기업과 비교하여 볼 때 주요 장·단기 재무지표 모두에서 압도한다. 즉, 성장률, 자본수익률, 이익률 등 모든 주요 재무지표상으로 볼 때 플랫폼 비즈니스 기업들이 선형 비즈니스 기업들보다 뛰어난 성과를 보이고 있다.

기업가치가 10억 달러, 우리나라 돈으로 1조 원이 넘는 스타트업을 유니콘으로 부른다. 중국의 경우 36개 유니콘 중 31개가 플랫폼 비즈니스 기업이고, 인도의 경우도 9개 유니콘 중 8개나 플랫폼 비즈니스 기업이다. 미국이나 중국에는 이미 꽤 많은 유니콘이 있지만 우리나라도 2020년 6월 현재 쿠팡, L&P 코스메틱, 크래프톤, 비바 리퍼블리카, 야놀자, 위메프, 지피클럽, 무신사, 에이프로젠 등이 유니콘 기업으로 알려져 있다. 이중 쿠팡, 비바 리퍼블리카, 야놀자, 위메프, 무신사 등이 플랫폼 비즈니스 기업으로 알려져 있다. 즉, 9개 유니콘중 5개 기업이 플랫폼 비즈니스 기업인 것이다.

3절 플랫폼 비즈니스의 장점

플랫폼 비즈니스는 선형 비즈니스와는 달리, 스스로 생산설비를 가지고 있지 않는다. 플랫폼 비즈니스로 유명한 페이스북, 우버, 알리바바를 생각해보라. 이들 회사는 생산설비가 없다. 그러다보니 재고도 없고 창고도 필요없다. 생산비용도 없고 재고유지비용도 없다는 것이 얼마나 유리한건지 기업을 해본 사람들이라면 다 안다. 설령 기업운영을 해본 적이 없다고 해도 미루어 쉽게 짐작이 될 것이다. 그 이유를 보다 자세히 설명을 하면 다음과 같다.

- 생산설비 하나하나는 고가의 기계설비들이다. 이러한 기계설비는 때맞춰 부품도 갈아줘야 하고 당연히 기름칠 등등 정성스런 유지보수는 필수이다. 이렇게 들어가는 비용은 모두 제조원가에 들어간다.
- 그리고 제조라인이 있으면 당연히 근로자 인건비도 감안해야 하고 원자재비용도 필수적으로 지출해야 한다. 생산설비를 가지고 있지 않다는 것

이 얼마나 유리한 조건인지 쉽게 짐작이 될 것이다.

- 더욱이 재고유지비용 또한 거의 모든 제조회사는 운명처럼 짊어지고 가는 원가인데 재고유지비용이 없다는 것은 꿈만 같은 현실이다.
- 어디 이뿐인가? 제조라인을 유지할 필요가 없다는 것은 공장이라고 하는 유형자산을 매입 또는 임차하여야 할 필요가 없다는 것을 의미한다. 공장을 운영할 필요가 없으니 공장운영 시 부수적으로 따라오는 각종 시설운영비(전기료, 상·하수도료, 보험료 등)를 따로 지출할 필요가 없다.

플랫폼 비즈니스가 기존의 선형 비즈니스와 비교할 때 비즈니스 운영상 얼마나 유리한 것인지 알 수 있을 것이다. 대신에 플랫폼 비즈니스가 기존 선형 비즈니스 회사와 달리 가장 신경을 쓰는 부분이 있다. 바로 자기네 플랫폼 상에서 이뤄지는 거래비용을 낮추는 것이다. 플랫폼 비즈니스 기업 입장에서는 자사 플랫폼에서 발생되는 거래비용이 곧 원가경쟁력이기 때문이다. 따라서, 플랫폼 거래비용이 낮아질 수 있는 방법을 찾아 혁신에 혁신을 거듭하고 있다. 플랫폼 비즈니스 기업이 첫째로 꼽는 거래비용 절감 방법은 더 많은 소비자와 생산자가 자사 플랫폼으로 들어오게 하는 것이다. 즉, 일단 방문하는 고객이 많아야 한다. 그래야 거래비용 절감이 가능하다. 실제로 거래를 안해도 좋다. 무조건 방문 고객이(소비자이건 생산자이건) 많아야 플랫폼 비즈니스 기업에게 거래비용을 낮출 수 있는 방법이 생긴다. 그리고 부수적으로 광고비용까지 챙길 수가 있다. 그렇기 때문에 페이스북에 대한 투자전문가들의 평가는 늘 방문객 수의 추이에 따라 변한다. 방문객 수가 전월 대비 줄었다면 페이스북에 대한 투자의견은 부정적으로 변한다.

4절 플랫폼 비즈니스는 기술이 아닌 비즈니스 모델이다

플랫폼 비즈니스에 대해서 기억할 점이 또 하나 있다. 플랫폼은 비즈니스 모델이지 기술 또는 소프트웨어 그 자체가 아니다. 만약 플랫폼이 그저 스마트폰에서 구동하는 앱 또는 컴퓨터 상에서 열리는 웹사이트에 불과한 것으로 생각한다면 이는 큰 오해다. 플랫폼이 단순히 앱이거나 웹사이트라면 그것은 그냥 기술이거나 소프트웨어이며 비즈니스 모델이 아니다. 플랫폼은 소비자와 생산자를 동시에 끌어들여서 가치를 생산하는 비즈니스 모델이다. 그렇기 때문에 실제로는 선형 비즈니스를 하는 기업임에도 불구하고 자사의 웹사이트를 '플랫폼'이라고 지칭하는 기업들이 의외로 많다는 점에 유의해야 한다. 대개 온라인 비즈니스를 하는 기업들 중에서 고객이 원하는 다수의 니즈를 원스톱으로 처리할 수 있다는 것을 강조하고자 마케팅 차원에서 자사의 웹사이트를 '플랫폼'이라고 주장하는 기업들이 많다. 그러나, 이들 온라인 비즈니스 기업의 웹사이트는 여전히 선형 비즈니스를 하는 기업이지 플랫폼 비즈니스 기업은 아니다.[5)]

플랫폼 비즈니스가 비즈니스 모델이라면 무엇을 추구하는 것일까? 즉, 고객들에게 제시하는 가치가 무엇일까? 비즈니스 모델이라면 고객에게 제시하는 가치가 분명해야 하기 때문이다.

- 플랫폼 비즈니스가 고객에게 제시하는 가치는 커넥션이다. 즉, 연결이다.
- 플랫폼에 들어오는 고객들은 소비자이건 생산자이건 상관없이 기대하는 것은 딱 하나다. 자기가 원하는 커넥션을 위하여 들어온다.
- 소비자 입장에서의 커넥션은 자기의 니즈를 충족시켜줄 적정한 생산자를 찾는 것이다. 생산자 입장도 마찬가지다. 배달전문 플랫폼에서 일하는 생산자라면 자기가 현재 위치한 장소에서 가장 가깝고 단가도 좋은 음식을 주문하는 소비자와 커넥션이 되고 싶어한다. 이러한 니즈를 충족하도록 하기 위하여 존재하는 기업이 플랫폼 비즈니스이다.[6)]

5) https://fourweekmba.com/linear-vs-platform-business-models/
6) https://www.applicoinc.com/blog/platform-vs-linear-business-models-101/

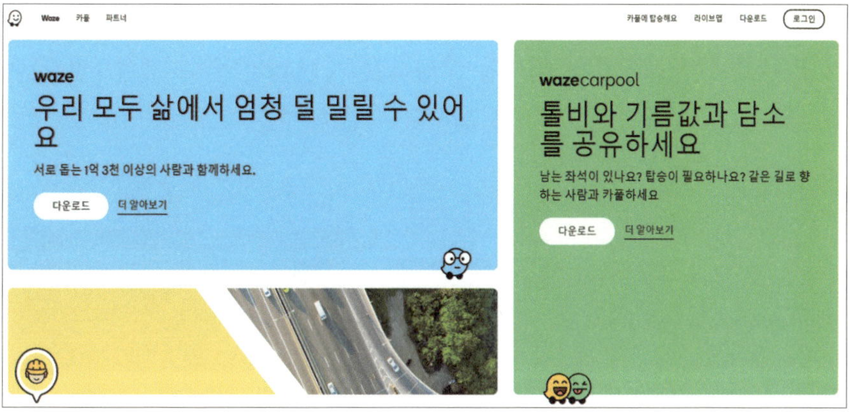

그렇다면 플랫폼 비즈니스를 하고 있는 기업들은 누구인가? 구글, 애플, 아마존, 페이스북은 이미 언급한 바와 같다. 이외에도 소비자와 생산자간 커넥션을 발생시켜 천문학적인 수익을 올리고 있는 플랫폼 비즈니스가 여럿 존재한다. 예를 들어보자. 웨이즈(https://www.waze.com/ko/), 이베이, 인스타그램, 유튜브, 트윗치(https://www.twitch.tv/), 스냅챗(https://www.snapchat.com/), 슬랙(https://slack.com/intl/en-kr/), 왓스앱(https://www.whatsapp.com/) 등이 있다. 이 밖에도 생활의 소소한 팁과 아이디어를 공유하는 핀터레스트(https://www.pinterest.co.kr/)가 있고, 자기 사업을 운용할 때 필요한 각종 운영도구, 결제도구 등을 지원해주는 스퀘어(https://squareup.com/us/en)도 눈여겨 볼만 하다.

영국에서 출발한 소셜 파이낸스(https://www.socialfinance.org.uk/), 그리고 전세계 프로그래밍 언어를 코딩하는 사람들의 필수 사이트인 깃허브(https://github.com/), 가까운 의사와 연결해 주는 조크독(https://www.zocdoc.com/) 등도 있다.

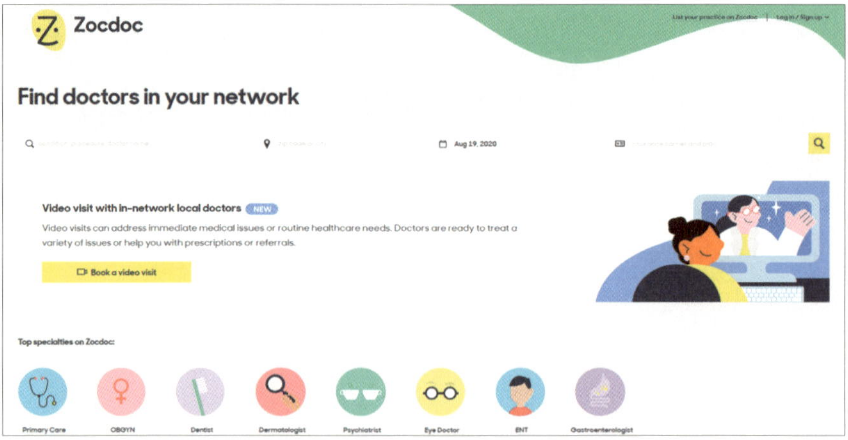

이외에도 성공가능성이 높은 플랫폼 비즈니스는 많이 있다. 우리나라만 하더라도 배달서비스를 전문으로 하는 배달의 민족(배민), 배달통, 그리고 택시를 부르는 앱인 카카오택시도 이미 어느 정도 기반을 다진 플랫폼 비즈니스이다. 중국에도 유망한 플랫폼 비즈니스 기업이 여럿 있다. 알리바바가 대표적 기업이고 이외에도 텐센트, 바이두가 있다. 일본에도 라쿠텐이라는 쇼핑몰이 플랫폼 비즈니스로 성장하고 있다.

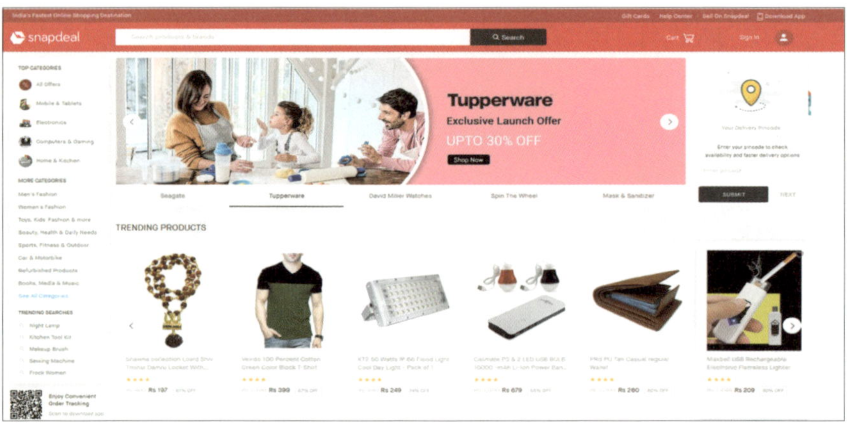

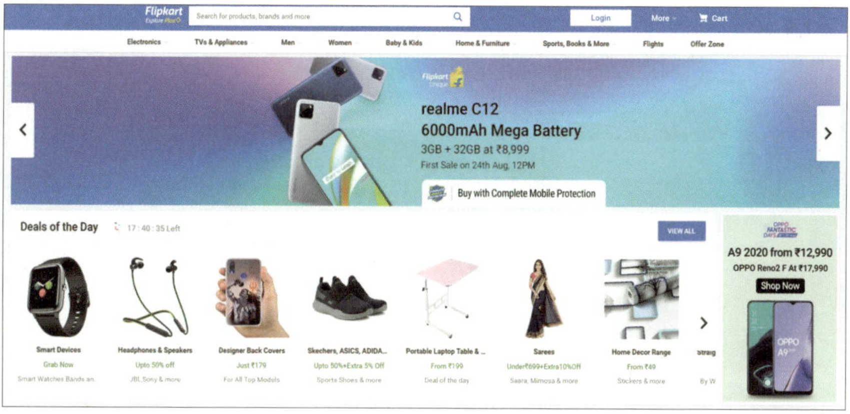

인도에도 상당한 수준의 플랫폼 비즈니스 기업이 있다. 스냅딜(https://www.snapdeal.com/)과 플립카트(https://www.flipkart.com/) 이 두 기업은 아마존이 인도시장에서 큰 힘을 발휘못하게 하는 인도판 토종 온라인 상거래 기업이다. 이 기업은 아마존과 같이 인도에서는 상당한 영향력을 발휘하고 있고 플랫폼 비즈니스 기업으로서 인도에서 큰 성공을 거두고 있다.

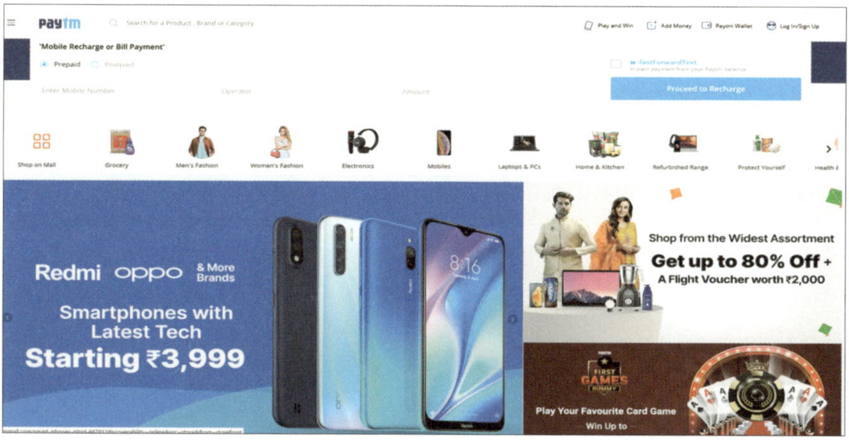

이뿐만이 아니다. 인도에는 온라인 상거래 시 대금 지급을 위한 또 다른 플랫폼 비즈니스 기업이 있다. 페이티엠(https://paytm.com/)이라는 회사이다. 이 회사는 모바일폰에 충전을 미리 하고 온라인 쇼핑 시 필요한 대금결제를 할 수 있어서 인도 온라인 상거래 결제 분야에서는 상당한 영향력을 발휘하고 있는 결제전문 플랫폼 비즈니스 기업이다.

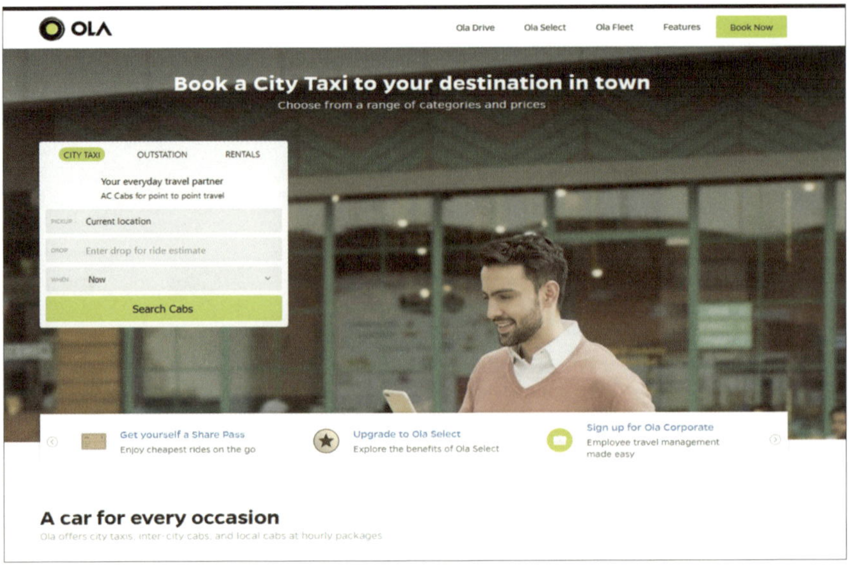

인도에서는 우버와 필적할 만한 차량호출서비스를 제공하는 플랫폼 비즈니스 기업도 있다. 올라캡스(https://www.olacabs.com/)라는 기업이다. 이 기업은 우버와 비슷한 방식으로 모바일로 목적지를 입력하고 호출을 하면 차량기사가 고객이 호출한 장소로 와서 고객을 목적지까지 운송해준다. 호출할 수 있는 차량의 모델이 다양하고 여성고객을 위한 안전호송서비스도 있으며 저렴한 호출서비스를 원하는 고객을 위한 서비스도 제공한다. 인도 고객의 특성과 성향에 맞는 차량호출서비스를 제공하여 인도고객의 충성도를 끌어내는 데 성공한 플랫폼 비즈니스 기업이다.

9장 인공지능 기반 스타트업 사례분석과 기업가정신

미국의 시장조사 기관인 CB 인사이트(CB Insights)에서는 2020년도를 주름잡을 인공지능 분야 100대 스타트업을 발표하였다. 해당 발표자료를 보면 미국이 65개로 압도적인 비중을 차지하고 있다. 그 뒤를 이어 캐나다와 영국이 각각 8개, 중국이 6개의 스타트업이 포함되었다. 이 밖에 스웨덴, 이스라엘, 영국, 독일, 일본, 칠레, 스페인, 스위스에서 시작한 스타트업들이 소수를 차지하고 있다.

분야를 보면 AI 모델개발, 무인점포 자동화, 창고 내 작업용 로봇, 교통, 의료, 제조, 건설, 통신, 무인자율자동차 등 매우 다양한 분야에서 성공적인 인공지능 스타트업이 현재 활발히 활동하고 있다. 최근 주목을 받고 있는 인공지능 스타트업을 하나하나 분석을 해보면 4차산업혁명을 주도하는 기업가정신이 향후 어떠한 모습으로 발전할 수 있을 것인지를 알 수 있다.

'아이파이'(https://www.aifi.io/)라는 재미 있는 스타트업을 보자. 와이파이라는 무선인터넷이 상기되도록 만든 사명인 아이파이는 무인점포용 인공지능 솔루션을 제공한다. 컨테이너 규모의 소규모 무인점포용 인공지능 솔루션부터(이름은 '나노스토어') 일정 규모 크기의 무인점포를 운영하는 인공지능 솔루션(이름은 '오아시스')까지를 판매한다.

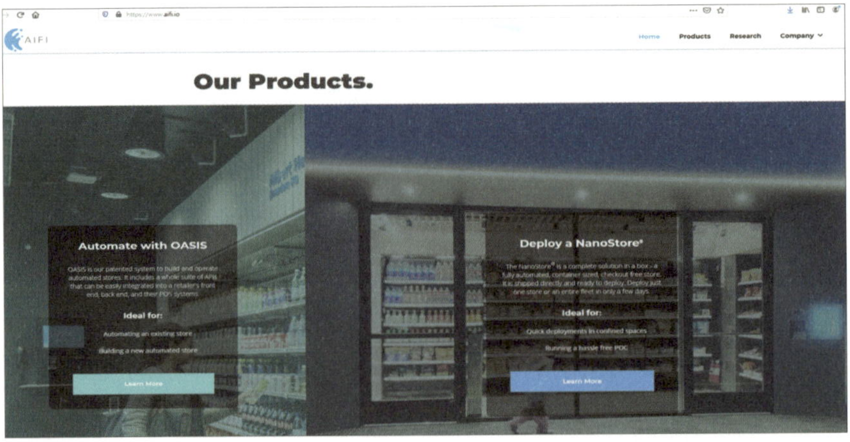

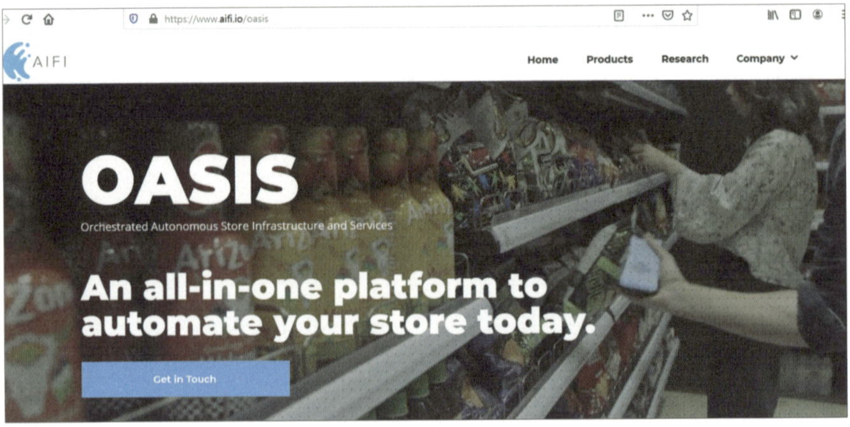

인공지능을 잘 모르는 점포주인이라 할지라도 쉽게 기존 점포를 인공지능으로 자동으로 운영되고 관리되는 무인점포로 변환이 가능하도록 설계되어 있는 점이 큰 특징이다. 아이파이 무인점포 인공지능 솔루션이 시장에서 각광을 받는 이유는 기존에 유인점포를 운영하는 사람도 본 솔루션으로 인공지능으로 운영되고 관리되는 무인점포로의 변환이 단시일 내에 가능하다는 점이다.

'오로라'(https://aurora.tech/)는 자율자동차 생태계를 개발하는 스타트업이다. 무인 자율자동차를 움직이게 하는 인공지능 소프트웨어 및 관련 하드웨어 디자인, 그리고 데이터를 관리하는 핵심 솔루션은 '오로라 드라이버'라고 한다. 오로라 드라이버는 오로라의 핵심 솔루션인데 이는 오로라가 제공하는

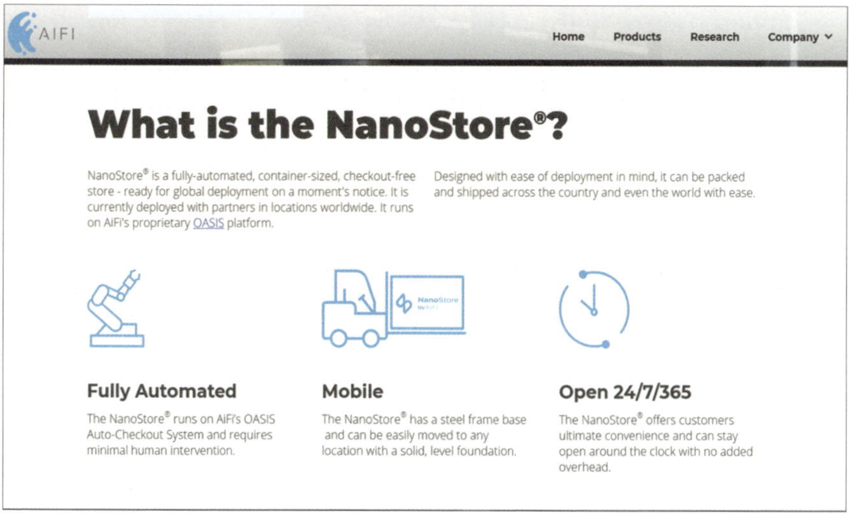

오로라 클라우드와 연결되어 오로라 드라이버로 가동되는 무인 자율자동차 관련 모든 운행자료와 상황정보를 통합적으로 관리한다. 오로라 드라이버로 가동되는 모든 무인 자율자동차를 하나의 오로라 생태계로 관리하고 클라우드 컴퓨팅으로 움직이기 때문에 오로라 무인 자율자동차를 통합관리 운영하는데 유리하다. 주요 인공지능기능은 머신러닝, 도로교통 상황정보 인식, 충돌방지기능, 실시간 운행경로 모니터링 및 변경기능 등이다.

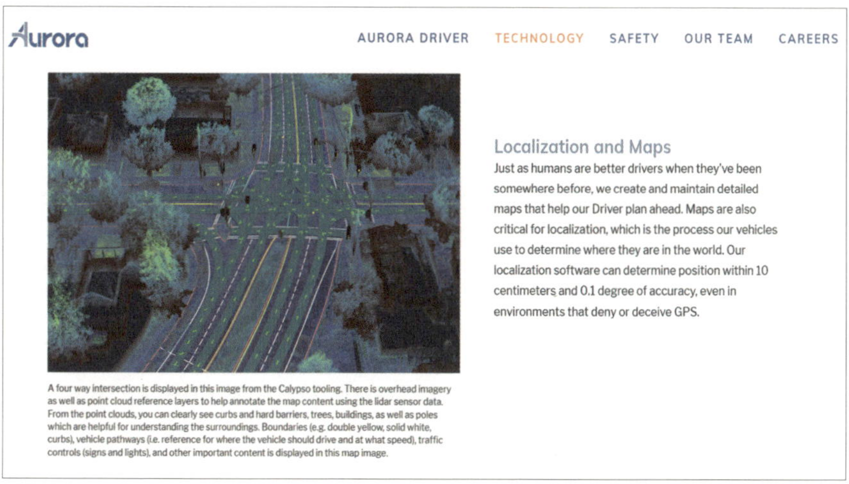

씨쓰리 닷 에이아이(https://c3.ai/). 이 회사는 C3.ai라는 인공지능 플랫폼을 공식 홈페이지로 운영하고 있다. 이 회사가 자랑하는 키포인트는 인공지능을 기업경영 활동에 적용하려고 하는 회사 입장에서 가장 빠른 시간 안에 확실한 결과를 실증적으로 보여줄 수 있다는 점이다.

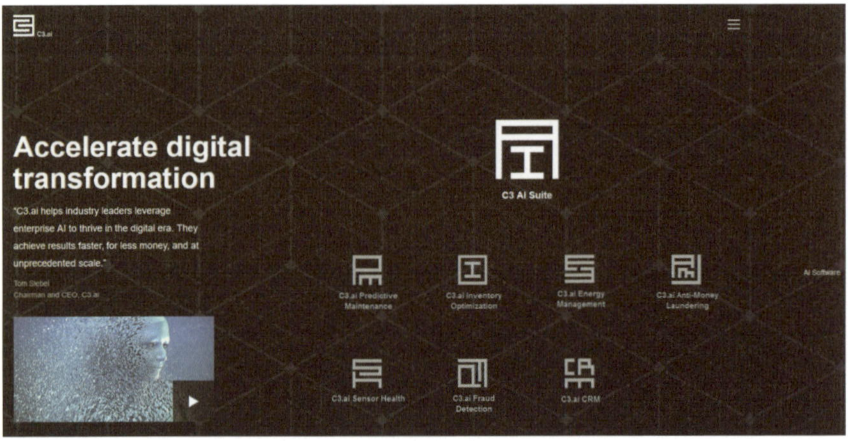

즉, 고객회사 입장에서 몇달을 소비하여야만 인공지능을 적용한 효과를 확인할 수가 있다면 선뜻 거액을 들이고 시간을 들여 인공지능을 현업에 적용하기는 어렵다. 이 회사는 자사 솔루션을 시험적으로 적용을 하고 난후 단 몇 주만에 고객사가 원하는 수준의 성과를 보여줄 수 있어서 대형 고객사를 많이 확보하고 있다. 이 회사의 대표적 인공지능 솔루션인 '씨쓰리 에이아이 스위트'(C3 AI Suite)는 예방유지보수, 재고 최적화, 에너지 관리, 자금세탁 탐지 및 방지, 의료 사물인터넷 설치 및 관리, 금융사기 적발, 고객관계관리(CRM), 유지보수 활동 관리 등을 위하여 요구되는 인공지능 기반 관리 및 운영기능을 제공한다.

'클라이마셀'(https://www.climacell.co/)이라는 스타트업은 매우 독특한 분야에서 인공지능을 효과적으로 적용하여 많은 개인고객 및 고객사를 확보하고 있다. 영어 이름에서 암시하듯이 앞의 '클라이마'의 영어단어인 Clima는 날씨라고 하는 영어단어인 Climate, 즉 '클라이멋'을 의미한다. 코로나 바이러스가 창궐하여 거의 모든 비즈니스가 큰 타격을 받은 2020년 상반기는 배달업이 매우 중요한 산업으로 떠올랐다. 또한 손님을 운송하고 돈을 버는 택시업, 공유차량업, 항공산업 등의 분야에서도 날씨는 절대적인 요인이다. 그뿐만이 아니라 군사작전을 펼칠 때에도 날씨 요소는 성패를 결정하는 핵심 요소이다.

기존 날씨정보는 대부분 광범위한 지역을 아우르는 개괄적인 날씨정보만 알려주기 때문에 특정 지역, 특정 상황에서 요구되는 세밀한 날씨정보로는 부적합한 경우가 많다. 즉, 날씨정보를 토대로 의사결정을 하고자 하는 개인과 회사 입장에서 요구되는 세밀하고 특화된 날씨정보를 제공하는 것이 클라이마셀의 목표이다. 그래서 이 회사의 주요 고객사를 보면, 젯블루, 에어로멕시코, 델타, 유나이트 에어라인(이상 항공업), 미국 공군(군사), 포드, 우버, 포르쉐, 타타(자동차), 구글 클라우드, 아마존 웹서비스(클라우드), 미국 테니스 협회, 뉴잉글랜드 패트리어츠(스포츠) 등이 있다. 하나같이 날씨에 따라 운영의 효율성이 큰 영향을 받는 업체들이다.

모든 금융업무가 인터넷 기반, 모바일 기기 기반으로 전환되면서 그와 함께 각종 금융사기도 전세계적으로 급증하고 있다. 금융사기를 저지르는 사람들의 특성을 인공지능기법으로 잡아내어 각종 금융사기 및 범죄를 원천적으로 예방하고자 하는 스타트업이 있다. '특성공간'이라는 의미의 피처스페이스(https://www.featurespace.com/)라고 하는 회사이다. 이 회사가 자랑하는 대표적인 인공지능 기반 금융사기 예방 솔루션은 "적응적 실시간 개인 변화 확인"의 영어 단어 이니셜을 딴 아리크(ARIC) 위험허브 모델이다. 즉, '아리크'는 Adaptive, Real-time, Individual, Change-identification의 이니셜을 딴 것인데 이는 인공지능 머신러닝 기반 메커니즘인 적응적 행동분석기법을 토대로 운영된다. 최근에는 자금세탁을 적발할 수 있는 솔루션도 발표하였다.

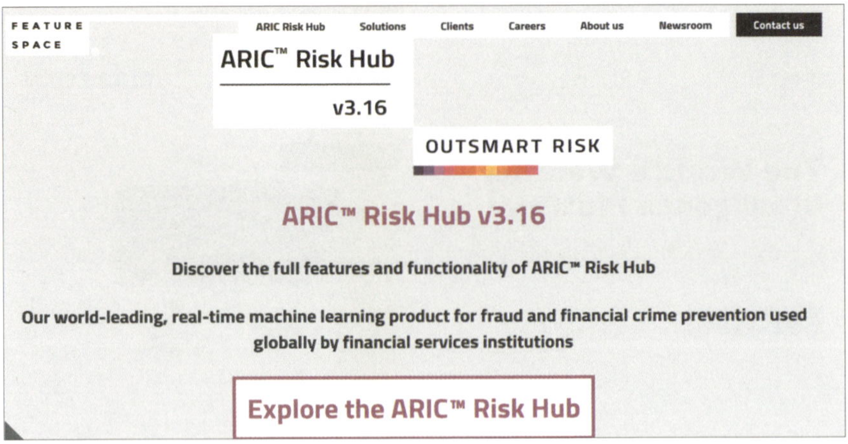

고스트 로코모션(https://driveghost.com/). 이 회사는 고속도로 상에서 어떠한 자동차도 자율자동차로 변환시켜주는 솔루션을 가지고 있다. 실제 고스트 로코모션사가 제시하는 솔루션을 장착한 자동차는 경력이 오래되면서도 안전운전을 해온 이른바 베스트 드라이버보다 더 안전하고 더 효과적으로 자동차를 자율운전이 되도록 한다. 단, 고속도로 상에서의 운전의 경우에 적용된다. 물론 인공지능 기반으로 운영된다. 이 회사의 사명은 영어로 Ghost Locomotion이다.

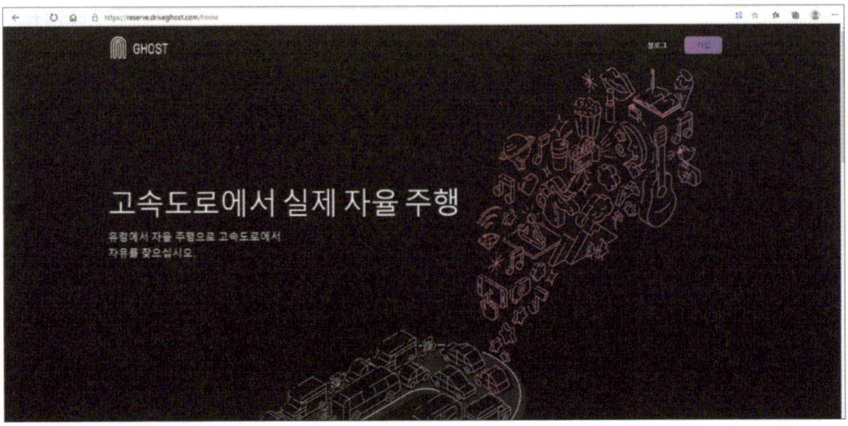

에이치투오 AI(https://www.h2o.ai/). 인간생활의 필수 요소인 물을 구성하는 화학물질이다. 두 개의 수소 분자와 한 개의 산소분자가 모여서 이뤄진 것이 물이다. 물은 누구든지 마시고 사용한다. 따라서, 에이치투오 AI란 인공지능을 물처럼 누구든지 쉽게 사용할 수 있도록 하겠다는 뜻을 가지고 있는 플랫폼이다. 영어로는 h2o.ai로 표기된다. 이 스타트업은 인공지능이 가지고 있는 잠재력을 모든 사람들에게 쉽게 사용할 수 있도록 오픈시키고 자유롭게 사용하게 하자라는 사상으로 출발한 회사이다. 사용 영역은 현대산업의 거의 모든 분야를 망라한다. 즉, 의료, 금융서비스, 보험, 마케팅, 정보통신, 제조, 소매업에서 활발하게 적용되는 인공지능 플랫폼이다. 구체적인 사례를 보면 고객이탈예측, 신용위험도 측정, 자금세탁방지, 고객이해, 사기예방 및 적발, 이상현상 탐지, 시장 세분화, 콘텐츠 개인화, 미래의 최적행위 추정 등에서 에이치투오 인공지능 플랫폼은 성공적으로 적용되고 있다.

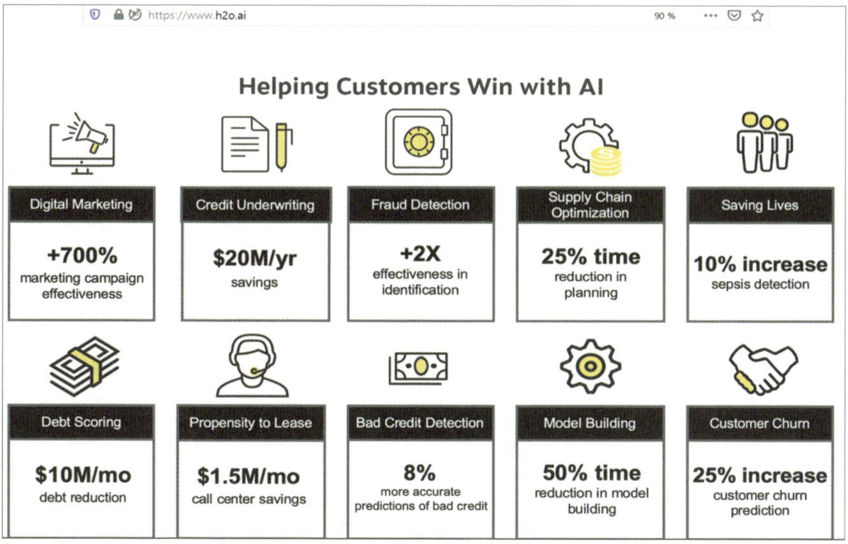

아시아권 나라들은 옛날부터 교육열이 유난히 높다. 특히 거대한 인구를 가지고 있는 중국은 교육열이 매우 높다. 스쿼럴 에이아이(http://squirrelai.com/)라는 중국 상하이에서 시작된 이 스타트업은 방과 후 과외공부를 하고자하는 중국의 초·중·고등학교 학생들을 대상으로 하는 인공지능 교육 솔루션을 가지고 있다. 공부란 개인이 가지고 있는 지적능력과 심리상태, 그리고 복잡다단한 개인적 특징들이 영향을 주는 행위이다. 이 회사는 '지능형 적응학습시스템' 인 IALS를 주요 솔루션으로 학생들에게 제공하는데, 이 솔루션이 사용하는 인공지능 머신러닝 기법은 클러스터링, 로지스틱 회귀, 그리고 베이지안 네트워크, 정보불확실성 이론, 의사결정트리 기법 등을 종합적으로 적용한다. 스쿼럴 AI의 사례에서 보듯이 인공지능의 눈부신 발전은 교육 분야에서도 새로운 변화의 바람을 불러일으키고 있다. 과거에는 새로운 분야나 컨셉에 대한 공부를 하려면 관련 서적을 구입하여 공부를 하였지만 지금은 유튜브 등을 통한 동영상으로 공부를 하는 경우가 많다. 그만큼 동영상을 이용한 학업이 보편화되었다. 이러한 온라인 교육의 변화는 초·중·고등학교 학생들에게만 영향을 주는 것이 아니라 일반 기업교육 현장에도 새로운 바람을 불러일으키고 있다.

마이크로 러닝이라는 개념이 등장하고 있다. 이는 최근 이러닝(e-learning) 분야에서 널리 채택되고 있는 새로운 온라인 러닝 개념이다. 즉, 스마트폰과 같은 모바일 기기상에서 일반 콘텐츠보다는 짤막하게 볼 수 있는 교육 콘텐츠인 마이크로 콘텐츠로 학습을 하는 이러닝을 말한다. 마이크로 러닝의 핵심은 학습 콘텐츠에 있다. 마이크로 러닝에서는 학습 콘텐츠가 짧으면서도 분명한 메시지가 전달되도록 작성되어야 한다. 또한, 학습 접근성도 중요하다. 다행히 요즘은 스마트폰이 널리 사용되면서 스마트폰 상에서 학습 콘텐츠를 접속하여 학업을 하도록 하는 것 또한 학습자의 교육 성과 향상에 중요하다.

그러나, 마이크로 러닝 환경 하에서 여전히 중요한 것은 교수자와 학습자 간 원활한 인터랙션이다.

그런데 성공적인 교수-학습 상호작용은 학습자의 자발적인 참여 의지가 전제가 되어야 한다. 학습자의 자발적인 참여 의지는 다양한 인터랙션에 의하여 유발된다. 즉, 학습자와 학습자 간 상호 격려를 하는 인터랙션, 학습자의 동기부여와 학업 의욕을 고취시키는 교수자의 교수법, 그리고 학습자와 학습 콘텐츠 간에도 학습자가 흥미를 잃지 않도록 하는 적절한 동기부여 등도 학습자의 자발적인 참여 의지를 유지시키는 데 중요한 요소가 된다. 네덜란드에서 출발한 스타트업인 '녹시아'(https://www.noxilla.com/)는 마이크로 러닝 과정을 인공지능으로 지원하여 학습자의 교육효과를 극대화하는 회사이다. 마이크로 러닝 과정에서 잃기 쉬운 교육에 대한 동기부여와 학습 의지가 유지되도록 하기 위하여 인공지능 머신러닝 기법을 적용한다. 그리고 학습자의 개인적인 선호도와 지적수준, 그리고 역량 등을 자동으로 파악하여 그에 상응하는 난이도의 콘텐츠를 자동으로 제공한다.

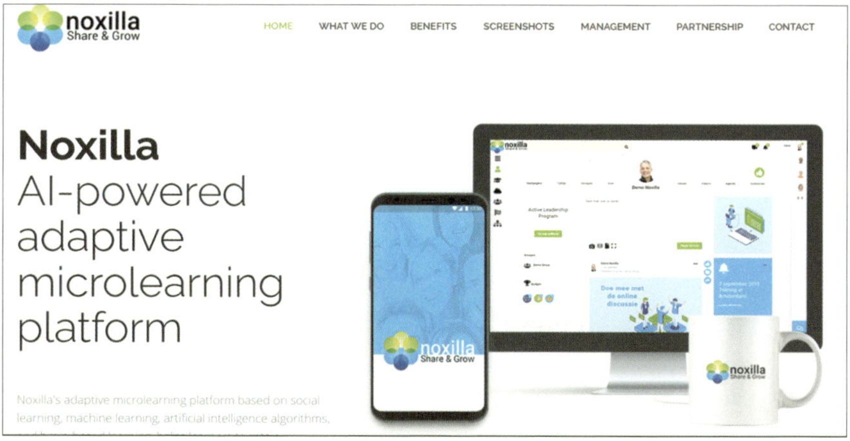

코빗 AI(https://korbit.ai/)는 인공지능을 기반으로 머신러닝을 전문으로 교육하는 스타트업이다. 캐나다 몬트리올에서 시작한 이 회사는 학습자 개개인의 성향과 수준을 인공지능이 학습하여 학습자 중심의 교육을 시키는 인공지능 기반 온라인 러닝 사이트이다. 우수한 직원을 이직하지 않고 회사에 충성하는 직원으로 만드는 것이 더욱 중요해진 요즘 코빗 AI는 인공지능 머신러닝을 알고 싶어하고 이를 현업에 적용하고 싶어하는 직원들에게 교육을 시키는 데 적합한 기업교육 온라인 이러닝 사이트이다. AI 튜터가 직원 개개인에게 특화된 교육 콘텐츠와 진도를 관리해주며, 수시로 질의응답도 가능하다. 코빗 AI를 통하여 교육을 받는 모든 학습자의 개인별 커리어 학습맵을 제공하며 이는 교육을 시키는 기업에게도 직원 개개인의 학습 성과를 체크하는 데에도 도움이 된다.

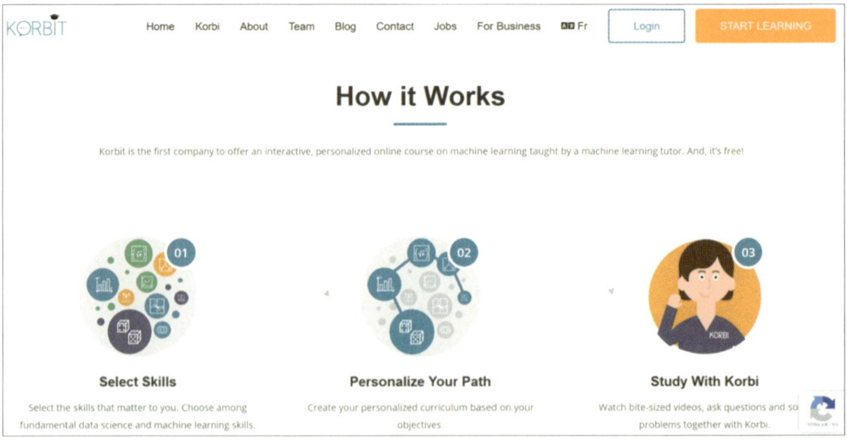

10장 증강현실, 사물인터넷을 이용한 기업가정신

1절 증강현실과 기업가정신 발현

증강현실은 AR로 표기한다(AR은 Augmented Reality의 약자임). 증강현실은 인공지능 분야 중 일반 사람들에게 크게 어필하는 기술 중 하나이다. 왜냐하면 특별한 지식이 없어도 증강현실은 쉽게 체험이 가능하고 그 자리에서 성과를 측정할 수가 있기 때문이다. 최근에는 스마트폰의 성능이 종전과는 비교가 안될 정도로 향상되어서 스마트폰에서 구동하는 앱형태로도 증강현실 기능을 장착할 수가 있다.

증강현실이란 현실세계 위에 가상의 세계를 얹어서 합성하여 보여준다. 그래서 현실세계를 가상세계로 증강했다 하여 증강현실로 부른다. 따라서, 증강현실의 기반은 어디까지나 현실세계이다. 이러한 측면에서 증강현실은 현실세계보다 몰입감과 현실감을 더 높힐 수가 있어서 사용자에게 더 강한 일체감을 준다. 반면 가상현실은 현실세계와는 동떨어진 그래픽 위주의 가상세계를 보여주어서 어지러움증과 비현실성을 줄 수가 있다. 따라서, 기업현장에서는 가상현실보다는 증강현실이 교육, 모의실험, 소비자 행동분석에 더 유용하게 사용된다.

증강현실은 사용자들에게 세 가지 차원으로 실시간 경험을 제공한다. 즉, TPO로 불리우는 시간(time), 장소(place), 그리고 상황(occasion)이다. 그래서 증강현실은 사용자들에게 TPO기반 실시간 경험을 제공할 수 있다. 결국 TPO는 현실세계를 기반으로 하는 것이어서 증강현실을 이용하게 되면 현장에서 일어나는 실제 상황과 정보를 토대로 보다 정확한 의사결정 또는 교육이 가능하다. 실제로 증강현실을 이용한 모든 스타트업은 현실세계의 TPO를 여러 가지 비즈니스 모델로 특화하여 소비자들을 끌어들이고 있다. 예를 들어서 바비 브라운(https://www.bobbibrowncosmetics.com/) 이라는 증강현실 기반 화장품 판매 사이트를 보자. 이 사이트에서는 여성용 아이쉐도우 제품, 립스틱 등 다양한 화장품을 팔면서 사용자들에게 증강현실 기법으로 구매 전 해당 제품을 본인 얼굴 사진에 직접 적용하여 바뀌어진 본인의 모습을 미리 점검할 수 있다.

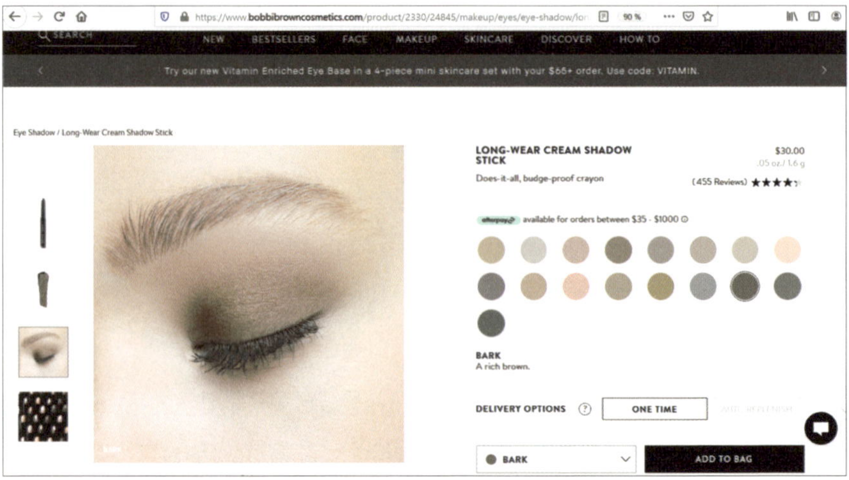

또한 워너 킥스(wanna kicks)라는 앱은 구글 앱스토어에서 다운로드가 가능하다. 해당 앱은 증강현실기법을 적용한 앱으로서 다양한 운동화를 미리 자기 발에 적용이 가능하다. 그러면 해당 운동화를 신고 있는 자기의 발 모습이 생생하게 화면에 송출되어 해당 운동화가 자기에게 얼마나 어울리는지를 금방 점검이 가능하다.

이와 같이 증강현실은 현실세계에 가상의 물체를 얹어서 보여주는 기술이다. 증강현실은 실제 현실세계와 가상세계가 융합된 세계인 것이다. 그렇기

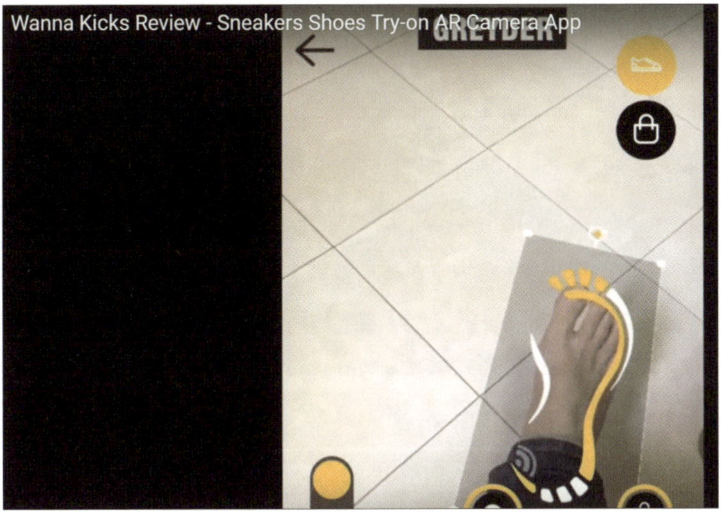

출처: https://www.youtube.com/watch?v=UmJriqzDUTo

때문에 현실세계에서는 표현이 어렵거나, 또는 일일히 데이터베이스와 비교하여 현실세계상의 물체에 있을 수 있는 문제점을 파악하고자 할 때 증강현실을 이용하면 업무 자체가 훨씬 쉽고 빨라진다. 이 같은 증강현실의 특성을 세 가지로 요약하면 다음과 같다.

- 현존감이다. 영어로는 Presence, 즉 프레즌스라고 한다. 현존감은 증강현실 세계 안에서 보여지는 화면 안에 자기가 실제로 있는 듯한 느낌을 말한다. 이러한 현존감은 사용자의 주관적인 인식이지만 증강현실이 산업적으로 경제적 가치가 큰 이유가 바로 여기에 있다. 증강현실은 실제 현실과는 동떨어진 가상세계가 아니라 현실세계가 가상세계로 인하여 더 보완되고 강화된 세계이다. 말그대로 현실세계가 증강된 현실세계이다. 인공지능의 힘으로 증강된 현실 안에 사용자가 실제로 현존한다는 인식은 사용자로 하여금 보다 더 많은 안정감과 실존감을 줄 수 있다.
- 몰입감이다. 이는 영어로 Flow라고 한다. 즉, 플로우는 증강현실안에 있는 사용자가 그 세계 안에 몰입하느라(이유는 재미 있어서 그럴 수 있고 또는 증강현실의 현실감이 뛰어나서 증강된 현실세계를 감상하느라 그럴 수 있다) 시간가는줄 모르는 상태를 말한다. 그렇게 되면 증강현실을 적

용한 산업현장은 작업자로 하여금 작업에 몰두하게 만들 수 있고 그로 인하여 작업능률과 성과는 크게 증대될 수 있다.

- 상호작용이다. 인터랙션으로 표현되는 상호작용은 사용자로 하여금 증강현실 속의 특정 사물과 긴밀하게 상호작용할 수가 있다. 즉, 증강현실 속의 사용자는 증강현실 속의 타겟사물과 상호작용을 통하여 해당 타겟사물에 대한 더 많은 상황정보를 알 수 있다. 만약 해당 타겟사물이 거대한 건물의 특정 부위라면 그 부위에 발생되고 있는 구조적 문제점을 신속하게 파악할 수 있다. 타겟사물이 복잡한 기계설비라면 어느 부위가 문제인지, 또 어느 부위의 어떤 부품을 교체해야 하는지를 신속하고 정확하게 파악이 가능하다. 이러한 증강현실의 장점은 기업현장에서 매우 긴요하게 사용된다. 증강현실 속에서 사용자는 특정 사물과 증강현실의 의사결정지원 기능을 통하여 현실세계에서는 불가능한 고도의 상호작용을 할 수가 있다.

이머텍(https://immertec.com/)은 증강현실을 이용한 텔레헬스 솔루션을 판매하는 스타트업이다. 이 회사는 미국의 템파베이에서 출발한 증강현실 기반 스타트업이다. 의사는 환자를 대상으로 고도로 민감한 수술을 집도하는 경우가 많다. 그렇기 때문에 환자를 많이 접해보고 또한 많은 수술 경험이 필요하다. 그러나 민감한 수술현장에 직접 참관하여 실감나는 수술 경험을 갖

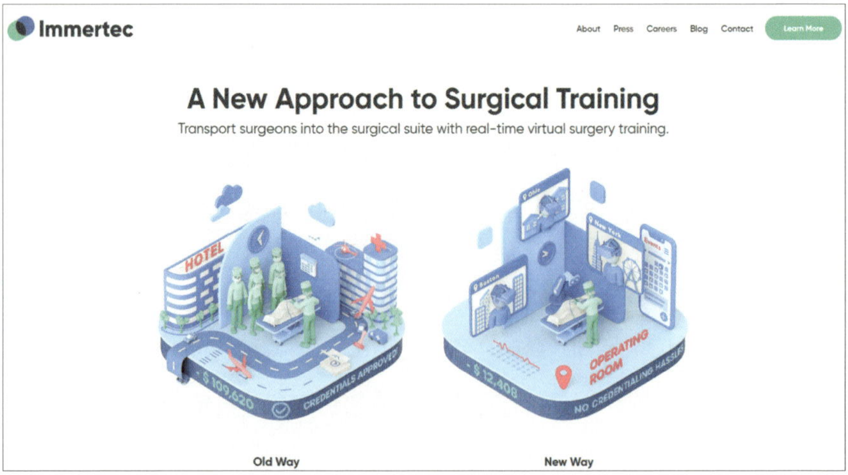

기란 매우 어렵다. 설사 그러한 기회가 있다고 하더라도 해당 분야 전문의사들과 서로 얘기를 해가면서 하나하나 수술 과정을 익히는 것은 현실적으로 매우 어려운 일이다. 전문의사들은 매우 바쁘고 몸값 또한 비싼 사람들이기 때문이다. 이머텍은 이러한 현실적인 니즈를 토대로 시작된 증강현실 기반 스타트업이다. 이머텍 장비가 장착된 수술실에서 전문의가 수술을 라이브 스트리밍으로 전송을 하면, 해당 화면을 이머텍 솔루션이 증강현실로 지리적으로 떨어져 있는 여러 명의 수련의 또는 해당 분야를 공부하려는 의과생들이 참관을 한다. 이때 참관하는 사람들은 이머텍이 제공하는 증강현실 기기인 메드옵틱(medoptic)을 안경처럼 쓰고 원격으로 수술현장에 직접 참관할 수가 있다. 이렇게 하면 수술을 직접 집도하는 전문의와 실시간으로 대화를 하면서 증강현실 기기를 통하여 수술의 세밀한 부분까지를 직접 확인을 할 수 있다.

에어리넥스(http://aerinx.com/)는 헝가리 부다페스트에서 시작한 증강현실 기반 비행기 동체 파손 여부를 점검하는 기기를 제공하는 회사이다. 이 회사는 비행기 동체 외부에 생기는 미세한 균열, 피막파손, 스크래치, 찌그러짐 등등 대형 사고로 연결될 수 있는 동체 외벽의 미세손상을 찾아내는 시스템 디바이스를 제공한다. 해당 증강현실 기반 디바이스를 이용하면 동체 외벽 손상 여부를 파악하는 검사시간을 80% 이상 줄일 수 있고, 그로 인한 예방 점검을 할 수 있도록 함으로써 보다 안전하고 튼튼한 비행기 유지보수가 가능하다. 특히 눈으로는 잘 보이지는 않는 미세한 균열, 스크레치 등도 신속하

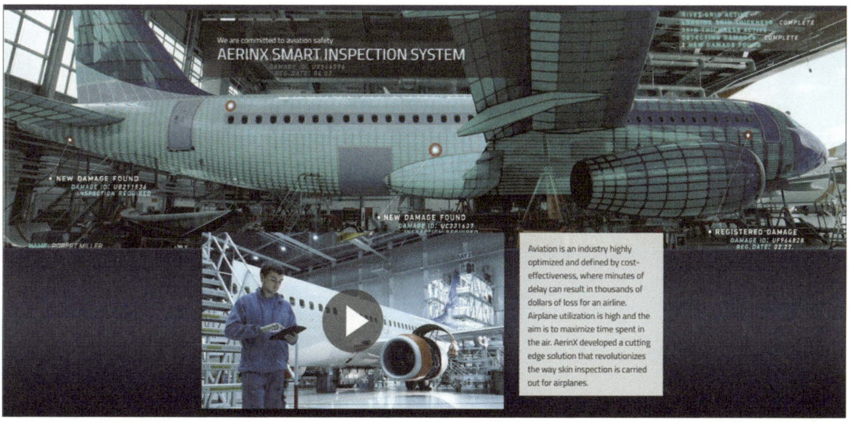

게 검색이 가능하고 이미 문제가 되어서 정비한 곳에서 또 문제가 생겼는지, 아니면 새로운 손상인지를 확인이 가능하다. 기존 손상이 일어난 곳의 경우는 정비이력도 증강현실기법으로 화면에 신속하게 송출되기 때문에 정비의 신속성과 정확도가 크게 증대된다.

빌드보드(https://www.bildbord.com/)는 증강현실을 이용하여 사람들 간 소셜 네트워킹 및 메세징 등을 지원하는 증강현실 기반 사회연결망 앱을 제공한다. 빌드보드 증강현실 기반 앱을 이용하면 사람들이 많이 모여 있는 모임에서 자기와 여러 가지 취향과 삶의 방향 등이 서로 일치하는 사람들을 쉽게 확인이 가능하다. 또한 빌드보드 앱을 이용하면 특정 브랜드 제품과 서비스를 이용하는 사람들과 손쉽게 네트워킹이 가능하며, 기업 입장에서도 충성고객이 될 수 있는 잠재고객 발굴에도 유리하다.

아카디아 어스(https://www.arcadia.earth/)는 증강현실기법을 이용한 박물관 전시, 친환경 주제 전시, 지속 가능한 삶의 방식을 보여주는 독특한 영역을 개척하는 스타트업이다. 이 회사는 미국 뉴욕주에서 출발한 회사인데 이 회사가 추구하는 증강현실기법을 이용한 친환경정책과 경영전략은 미국 주류사회에서 큰 호응을 얻고 있어서 성공적으로 투자를 유치하고 있다. 이 회사에 대한 긍정적인 기사는 포브스, 보그 등 세계적인 경제 및 패션 저널에서 종종 다루고 있어서 증강현실기법을 이용한 스타트업에서 주목받고 있

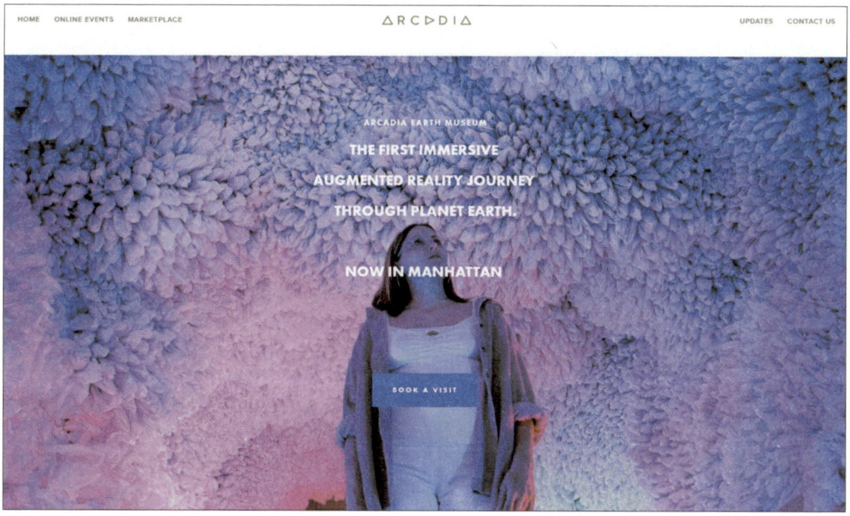

다. 특히 우리 인간의 작은 행동 변화가 자연생태계에 얼마나 큰 영향을 주는지를 증강현실, 가상현실, 프로젝션 매핑, 상호작용기법을 이용하여 생생하게 보여줌으로써 교육적인 측면에서도 큰 효과를 얻고 있다. 또한 친환경적인 세재, 목욕용품, 손 세정제, 과일과 채소 등도 판매하여 회사의 수익성 향상 측면에서도 충성고객층을 만들고 있다.

2절 사물인터넷과 기업가정신 발현

사물인터넷, 즉 IoT(Internet of Things)는 우리 주변의 사물이 인터넷에 의하여 연결되는 것을 말한다. 이렇게 되면 사용자가 직장에 있으면서도 원격으로 집안의 가전제품을 끄거나 켤 수가 있다. 그리고 전자기기로 하여금 사용자의 개인성향을 인식하여 사용자 친화적인 기기로 변환시킬 수가 있다.

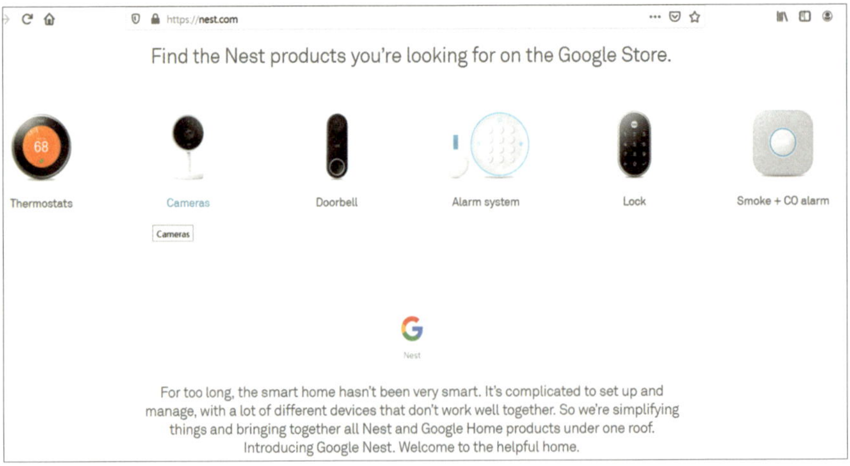

구글의 사물인터넷 기기인 구글 네스트(Nest)는 현관문 도어벨부터 화재 경보기, 보안장치, 현관 도어록, 온도계, 음악 스트리밍, 영화 스트리밍 서비스 기기, 웨어러블 등으로 구성되어 있다. 이러한 네스트 장치들은 하나같이 사물인터넷으로 연결되어 있어서 사용자가 실내에서 하는 일련의 개인적인 활동 관련 데이터를 인터넷상으로 수집하여 이를 분석하여 사용자의 미래행동 패턴을 예측할 수 있다. 네스트는 머신러닝에 기반한 학습기능이 내장되어 있어서 집안을 스마트 홈으로 변환시킨다. 따라서 사용자 행동을 학습하여 집안에서 사용하는 에너지의 총량을 절감하고 사용자를 위한 일정을 자동으로 조정해 준다.

제너럴 일렉트릭, 즉 GE사는 '프리딕스 클라우드'라고 하는 사물인터넷 디바이스를 제공한다. 이는 GE가 공급하는 항공, 제조, 자동차, 에너지, 헬스 분야 산업용 기기에 부착하여 해당 기기의 작동을 실시간으로 모니터링하고 작동을 최적화한다. 특히 이러한 산업용 기기는 잠깐의 오작동도 큰 사고를 유발할 수가 있기 때문에 실시간으로 예방점검을 하여 각종 오작동 및 고장을 미연에 방지한다.

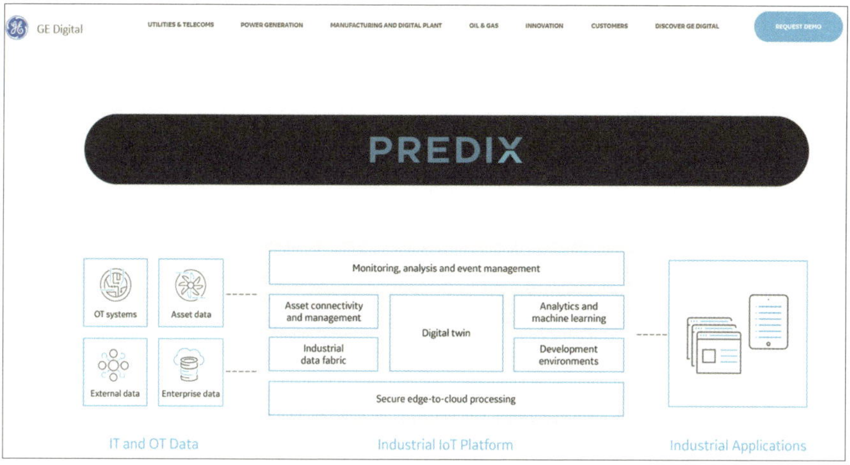

사물인터넷은 물리적 개체와 가상 개체를 연결하는 인터넷 기반 인프라 구조를 말한다. 그렇기 때문에 물리적 개체의 특성과 가상 개체의 특성에 따라 사물인터넷의 작동과 결과물이 크게 달라진다. 사물인터넷을 이용한 비즈니스 모델을 얘기할 때에는 이러한 점을 감안할 필요가 있다. 사물인터넷을 이용한 비즈니스 모델의 현황을 이해하기 위하여 세계적인 비즈니스 전문미디어인 포브스(Forbes)가 선정한 2020년도 사물인터넷 스타트업을 살펴보자.[1] 이들 기업을 통하여 사물인터넷 기반 비즈니스 모델의 최근 동향을 이해하는 것은 4차산업혁명시대를 주도하는 기업가정신을 갖추는 데 필요한 지식이 될 것이다.

최근 사물인터넷 기반 비즈니스에서 눈에 띄는 것은 사용자 커넥티드 자동차와 네트워커블 프린팅·복사 분야이다. 세계 정보통신기술 동향을 연구하는 대표적 기관인 가트너(Gartner)에 의하면 사용자 커넥티드 자동차의 경우 2020년도에만 720억 달러 정도의 시장규모가 있을 것으로 추정된다. 네트워커블 프린팅·복사 분야의 경우 2020년도 시장규모는 약 380억 달러에 이른다. 전세계적으로 사물인터넷 시장규모는 2019년도에는 3,850억 달러였

1) 포브스지 2020년 5월 25일자 기사에 사물인터넷을 이용한 주요 스타트업에 대한 소개가 되어 있다.
https://www.forbes.com/sites/louiscolumbus/2020/05/25/the-top-20-iot-startups-to-watch-in-2020/#da263f376972

으나 2025년도에는 6,870억 달러 규모로 커질 것으로 추정된다.

아미스 시큐리티(https://www.armis.com/)는 2015년도에 세워진 사물인터넷 기반 보안전문업체이다. 고객사가 운영하는 사물인터넷 인프라를 외부의 사이버 공격으로부터 보호하는 솔루션을 제공한다. 즉, 고객사의 사물인터넷 기반 각종 커넥티드 디바이스를 사이버 공격으로부터 실시간으로 보호한다. 아미스 시큐리티가 특히 뛰어난 점은 고객사의 수많은 사물인터넷 기반 엔드포인트 디바이스를 실시간으로 모니터링하여 이상행동을 탐지하고 가능한 모든 위험으로부터 고객사의 사물인터넷 네트워크를 보호할 수 있다는 점이다. 아미스 시큐리티가 제공하는 위험분석엔진은 고객사 사물인터넷에 연결되는 모든 엔드포인트 디바이스를 실시간으로 모니터링하고 위험 요인을 미연에 탐지하고 이를 보호한다. 주요 고객사들은 금융업종, 헬스업종, 제조업종 기업들이다.

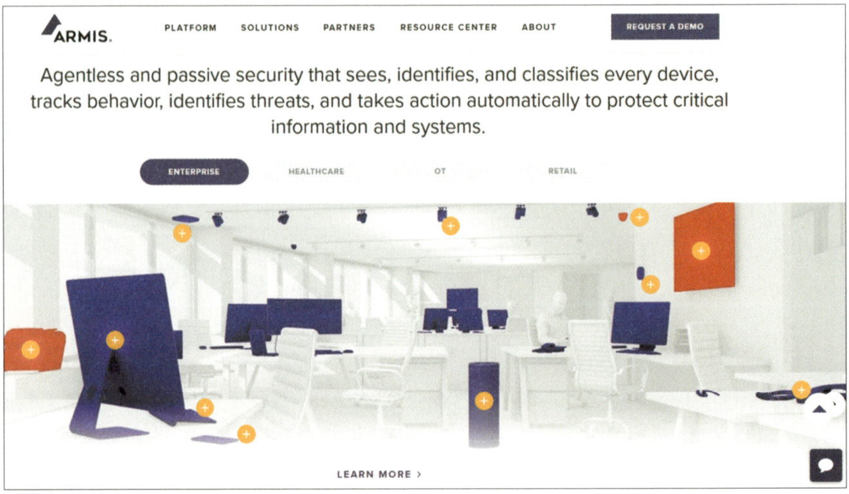

헬리움(https://www.helium.com/)이라는 회사는 독특한 비즈니스 모델을 갖고 있다. 이 회사는 사물인터넷 기반 네트워크를 설정할 수 있도록 하고 해당 사물인터넷 네트워크에서 가동하는 모든 사물인터넷 디바이스로부터 데이터를 수신하여 이를 저장하고 분석할 수 있는 솔루션을 제공한다. 이를 위하여 헬리움사는 저전력으로 가동하는 사물인터넷 디바이스를 제공하여 이를 사용하는 사람 또는 개체 간 자체 사물인터넷 네트워크를 구성할 수 있다는 점이다. 이를 위하여 개당 495달러짜리 헬리움 핫스팟이라는 기기를 판매한다. 이를 이용하게 되면 애완동물부터 노약자, 어린이, 회사원, 각종 기기 등으로 구성된 고객사가 관리할 수 있는 고유한 사물인터넷 네트워크를 구축하고 이를 관리할 수 있다.

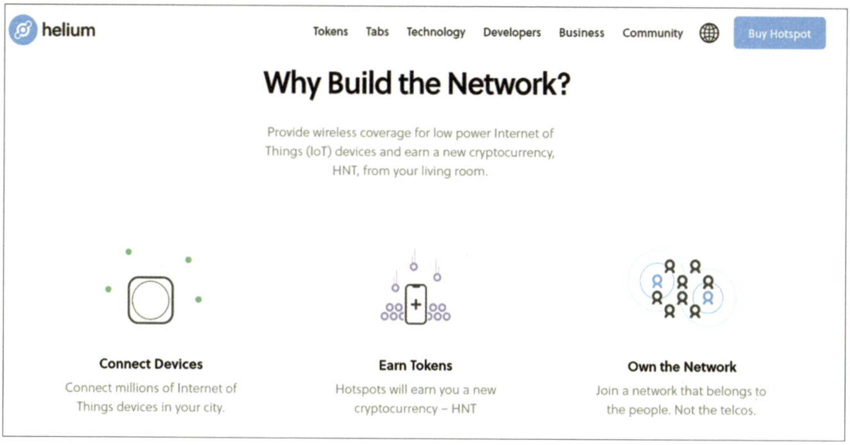

11장 디지털 트윈과 비즈니스 모델

1절 배 경

4차산업혁명시대를 아우르는 핵심 키워드는 인공지능, 초연결, 사물인터넷, 그리고 로봇이다. 인공지능과 로봇은 이미 대중들의 많은 관심속에서 어느 정도 그 실체와 성과에 대해서 알려져 있다. 그러나, 초연결, 사물인터넷은 그 의미도 그렇거니와 왜 이것이 4차산업혁명시대의 핵심 키워드인지를 잘 모르는 경우가 많다. 더욱이 여기에서 한발 더 나아가 디지털 트윈(digital twin)을 얘기하면 더욱 혼란스러워 한다. 사실 디지털 트윈은 초연결, 사물인터넷이라는 핵심 키워드가 제대로 작동을 해야 가능한 얘기이다.

사실 일반 대중들에게 초연결과 사물인터넷은 그 실체가 눈에 보이지 않는다. 그렇기 때문에 초연결과 사물인터넷이 우리 일상생활과 산업 활동에 미치는 어마어마한 영향력을 미처 깨닫지 못하는 경우가 많다. 미래의 기업가라면 이 같은 초연결과 사물인터넷이 가져올 산업의 파라다임 변화를 예리하게 파악할 필요가 있다.

세계적인 네트워크 전문회사인 시스코(Cisco)는 2030년까지 전세계적으로 약 500억 개 이상의 사물들이 인터넷과 연결되는 사물인터넷 시대가 활짝 열릴 것으로 추정한 바 있다. 이렇게 되면 사물인터넷이라는 영어단어인 IoT, 즉 Internet of Things에서 사용된 '사물', 즉 Things의 의미를 모든 만물로 더 확대할 수 있다. 만물이라함은 영어단어로 '에브리싱' 즉 Everything이다. 따라서, 사물이 인터넷과 연결되는 '사물인터넷'인 IoT가 만물이 인터넷과 연결되어 데이터화 될 수 있는 '만물인터넷', 즉 Internet of Everything 인 IoE로 변환된다. 사물인터넷과 만물인터넷이라는 단어에서 유일한 차이는 사물인 Thing인 만물을 의미하는 Everything으로 변화된 것이다. 그럼에도 불구하고 그 의미는 대단히 깊고도 넓다. 사물에는 대개 무생물체가 포함되는 것으로 인식되지만 만물에는 생물체도 포함되기 때문이다. 그 안에는 물론 일반 고객도 포함된다. 만물인터넷에 포함되는 대상이 훨씬 넓고 광범위해진다는 얘기이다.

기업가정신의 핵심은

- 현재의 상황에 만족하지 않고
- 미래의 변화를 선도하고자 늘 시장 변화를 센싱하며
- 해당 센싱 결과를 토대로 아직 존재하지 않은 새로운 제품과 서비스를 창조하는 정신이다.

이러한 기업가정신의 입장에서 볼 때 사물인터넷에서 생각할 수 있는 혁신의 폭보다 만물인터넷에서 생각할 수 있는 폭과 깊이가 훨씬 크다는 것을 쉽게 짐작할 수 있다. 만물인터넷 시대가 활짝 열리는 4차산업혁명시대에서 기업가정신을 보다 폭넓게 실천하려면 인공지능, 로봇뿐만이 아니라 디지털 트윈 개념을 정확히 이해하고 이를 현장에 적용할 수 있는 이해력을 키울 필요가 있다. 디지털 트윈이 향후 미래 산업체제의 중요한 인프라가 될 것이기 때문이다.

2절 디지털 트윈은 무엇인가?

디지털 트윈은

- 실제 현실체계를 디지털 체계로 쌍둥이처럼(즉, 트윈) 복제하여
- 디지털 체계 상에서 현실체계의 상황을 모니터링하고
- 디지털 체계 상에서 현실체계를 구성하는 핵심 요소 중 어느 곳에서 문제가 발생할 수 있는지를 예방점검을 하여 이를 다시 현실세계에 반영하여 예방적 유지보수를 하고
- 현실체계가 앞으로 어떻게 변화할 것인지를 알기 위하여 디지털 체계 상에서 다양한 상황을 만들어서 미리 모의실험을 하여
- 해당 모의실험 결과가 바람직한 변화로 판단되면 이를 다시 현실체계에 반영하여 현실체계를 선제적으로 다시 조정할 수 있는 미래기술을 말한다.

여기서 현실체계란 우리가 알고 있는 현실세계상의 시스템을 말하며 물리적 체계라는 말과 같은 뜻이다. 디지털 체계란 사이버 상의 체계를 말한다. 현실세계 상의 시스템은 대개 제조공장의 복잡한 기계나 설비를 의미할 때가 많다. 이를 디지털상으로 그대로 복제한 디지털 체계 또는 사이버 체계는 현실세계를 세밀하게 복제한 것이어서 늘 가동중인 현실세계에 손대지 않고도 디지털상으로 자유롭게 여러 상황을 만들어가면서 모의실험을 할 수 있다. 그리고 한걸음 더 나아가 디지털 체계 상에서 획득한 정보를 현실세계에 적용할 수 있는 상호호환성을 갖추고 있어서 현실세계 상의 타겟시스템이 고도의 정밀도를 요구하고 복잡할수록 디지털 트윈이 갖는 경제적 효과는 더욱 커진다. 디지털 트윈의 특성을 하나하나 검토해 보자.

1. 미래상황 예측

디지털 트윈은 실제 현실체계를 사이버 체계로 그대로 복제한 것이다. 즉, 현실체계 상의 모든 데이터를 사이버 체계로 전송하여 이를 토대로 디지털

상으로 다양한 모의실험이 가능하다. 그렇기 때문에 현실체계 상으로는 불가능한 미래상황에서의 현실체계의 예측 성과를 미리 알아볼 수가 있다. 그리고 그러한 미래상황의 시점도 단기, 중기, 장기로 나누어서 의사결정자의 니즈에 맞게 모의실험이 가능하다.

원래 디지털 트윈은 제조업에서 제품수명주기 관리를 위하여 시작된 개념이다. 제품수명주기란 제품의 설계부터 시작하여, 시제품 제작, 양산체제 구축, 제품출시, 그리고 시장 변화로 인한 생산중단 등 제품수명에 관한 모든 단계를 말한다. 디지털 트윈이 적용되면 미래 시장 변화를 예측하여 실제 제품생산라인 상의 변화를 조정할 수 있고 시장이 원하는 보다 더 개선된 제품 생산이 가능해진다.[1)]

2. 복제된 현실세계

디지털 트윈은 현실의 물리적 체계를 사이버상으로 복제한 것을 말한다. 따라서 디지털 트윈 그 자체가 사어버상으로 복제된 현실체계를 말한다. 따라서 사이버상으로 복제를 할 때 주의할 것은 디지털 트윈이 현실체계를 온전하게 복제할 수 있도록 해야 한다. 그럴려면 현실체계와 시간적·구조적 동일성이 유지되도록 사이버 체계를 복제하여야 한다. 이러한 복제작업의 성패는 디지털 트윈에 특화된 전문화되고 정확성이 확인된 소프트웨어 사용에 달려있다.

현실체계를 시간적으로나 구조적으로 사이버상으로 완벽하게 복제하려면 어떠한 부수적 기술이 필요할까 ? 우선, 사물인터넷과 가상물리시스템 등의 기술이 적용되어야 한다. 최근 5세대 인터넷으로 불리는 '파이브 지'(5G) 활성화는 향후 우리 환경이 사물인터넷 시대로 옮겨가는 첫걸음이다. 앞에서 언급한 바대로 2030년까지 500억 개 이상의 사물들이 인터넷상으로 연결되는

1) 김용훈(2020). 4차산업혁명시대의 디지털 트윈을 활용한 개인정보보호. 디지털융복합연구, 18(6), 279-285.

사물인터넷 시대가 제자리를 잡게 되면 이를 기초로 디지털 트윈은 더욱더 구체적인 모습으로 우리 산업계와 비즈니스 업계에 뿌리를 내릴 것이다.

3. 제조현장 및 스마트 시티 분야에서의 응용

제조현장이란 거대한 구조물과 복잡하고 매우 민감한 고가의 기계들로 구성되어 있다. 이러한 제조현장에는 산업용 로봇도 대거 고용되어 제조라인에 투입되고 있다. 이 경우 이러한 제조현장에 조그만 오작동이라도 발생이 되면 이는 곧 연쇄반응을 일으켜 제조공정 자체가 셧다운되는 대형사고로 이어진다. 그렇기 때문에 24시간 제조공정을 정밀하게 모니터링 하여야 한다. 국가 기간산업인 에너지 발전 또는 제조공정, 소중한 생명을 관리하는 중환자실과 수술실 등도 정밀한 모니터링이 필요한 장소이다. 도시의 교통, 물류통제시스템 역시 정밀한 모니터링이 요구되는 분야이다.

이경우 해당 현실체계를 사이버상으로 그대로 복제한 디지털 트윈은 복잡한 현실체계 작동을 방해하지 않으면서 각종 상황을 미리 모의실험을 하여 예방점검 및 유지보수가 가능하도록 한다. 그리고 디지털 상으로 모의실험한 결과를 현실체계에 반영하여 현실체계가 늘 최적의 상태로 작동되도록 한다. 이 같은 디지털 트윈의 기능은 복잡하고 매우 값이 비싼 기계와 공정으로 연결된 실제 제조현장에서 원가절감에 큰 기여를 한다.

중국의 3대 가전업체인 하이얼(Haier), 그리(Gree), 그리고 미디어(Midea)에서도 디지털 트윈을 도입하여 큰 성과를 보고 있다. 하이얼의 경우 코스모플랫(COSMOplat)이라고 하는 디지털 트윈 시스템을 도입하여 소비자의 다양한 니즈를 제조공정의 큰 수정없이 자유롭게 충족할 수 있으면서도 원가절감을 위하여 이를 대량생산까지 할 수 있는 지능형 제조능력을 갖추었다.[2)] 이

2) X., Li, Cao, J., Liu, Z., &Luo, X. (2020). Sustainable Business Model Based on Digital Twin Platform Network: The Inspiration from Haier's Case Study in China. Sustainability, 12(3), 936.

른바 대량 맞춤생산 체제를 갖추게 된 것이다. 하이얼 입장에서는 코스모플랫을 통하여 제조공정 전과정에 걸쳐서 최종 소비자와 자유롭게 상호작용을 할 수 있게 됨으로써 소비자 만족을 크게 올리면서도 원가절감도 가능한 효과를 얻고 있다. '미디어'는 하이얼과 달리 디지털 트윈 체계를 도입하여 공정 효율화를 추구하면서 아울러 고객의 니즈를 충족시키고 있다. '그리'는 클라우드 기반으로 디지털 트윈 체계를 도입하여 품질관리 및 스마트 인적자원관리에 성과를 보이고 있다.

또한 디지털 트윈은 스마트 시티 건설 및 관광업 수익증대를 위해서도 사용된다. 도시국가인 싱가폴은 도시의 핵심 인프라 시설에 디지털 트윈 개념을 도입하여 '가상 싱가폴'(Virtual Singapore)을 구축하였다. 특히 위급상황 발생 시 이에 효과적으로 대처하기 위한 시민안전보장 그라운드 룰을 만들기 위하여 디지털 트윈을 도입하여 만족스런 결과를 얻었다. 핀란드는 수도인 헬싱키 관광산업을 부흥시키기 위하여 '가상 헬싱키'(Virtual Helsinki)를 디지털 트윈으로 구축하여 헬싱키 관광상품 자체를 매력적이고 역동적인 상품으로 변화시켰다. 이를 위하여 헬싱키 시에서는 https://www.virtualhelsinki.fi/ 라는 웹사이트를 만들었고 이를 통하여 디지털 트윈으로 구현된 헬싱키 관련 3차원 관광상품을 보여주고 있다. 또한 핀란드는 https://flyingcinematour.com/ 라는 별도의 웹사이트를 만들어서 헬싱키뿐만 아니라 핀란드 주요 관광지를 매력적인 3차원 영화 형태로 만들어 관광수익을 크게 증대시켰다.

3절 디지털 트윈과 유사 개념 간 비교

디지털 트윈은 그 성격상 유사 개념과 비교된다. 예를 들어, 모의실험과 디지털 트윈 간 차이, 디지털 트윈과 가상물리체계(CPS: Cyber-Physical System) 간 차이, 디지털 트윈과 사물인터넷(IoT) 간 차이를 짚고 넘어갈 필요가 있다.

첫째, 디지털 트윈과 모의실험 간의 차이를 보자. 디지털 트윈은 현실세계와 디지털 세계 간 인터랙션이 원활하게 하도록 하면서 아울러 디지털 세계 내에서 현실세계를 다양한 방법으로 모의실험할 수 있는 환경을 제공한다. 따라서 디지털 트윈은 단순히 모의실험하는 것보다는 한차원 위의 얘기이다. 왜냐하면 현실의 물리적 체계를 가상세계인 디지털 체계로 그대로 복제를 한 후에 이 디지털 체계를 토대로 현실체계에서는 불가능한 다양한 각도의 모의실험을 할 수가 있기 때문이다. 디지털 트윈에서 다루는 디지털 체계는 현실체계에서 실제로 구동되는 실제 시스템에서 들어오는 다양한 유형의 데이터에 기반한다. 따라서, 조건-결과(what-if) 분석 개념에 기초하여 디지털 체계 내에서 현실체계에서 들어오는 다양한 데이터에 변화를 줄 때 어떠한 예상결과가 나오는지를 아무런 제약없이 자유롭게 수행할 수 있다. 따라서, 현실체계 내에서는 제한적인 범위 내에서만 가능한 모의실험의 범위와 깊이를 디지털 트윈에서는 훨씬 더 확장하여 수행할 수 있다.

둘째, 이미 앞에서도 언급한 바와 같이 디지털 트윈은 가상물리체계인 CPS와 사물인터넷과 유사하게 네트워크와 센서를 사용한다. 그러나, 디지털 트윈은 이들 가상물리체계와 사물인터넷과는 그 궤를 달리한다. 즉, 가상물리체계인 CPS는 기본적으로 물리적 자산과 그 물리적 자산을 디지털 체계로 복제한 디지털 트윈에 의하여 정의된다. 반면 디지털 트윈은 실제 현실체계상의 물리적 자산을 디지털 체계로 복제한 것이고 해당 디지털 체계와 현실체계가 상호연결되어 있으므로 가상물리체계는 디지털 트윈이 존재해야만 구동이 가능하다.[3] 말하자면 디지털 트윈은 굳이 가상물리체계가 없어도 독자적으로 구동이 가능하다는 의미이다.

---

3) Y., Lu, Liu, C., Kevin, I., Wang, K., Huang, H., &Xu, X. (2020). Digital Twin-driven smart manufacturing: Connotation, reference model, applications and research issues. Robotics and Computer-Integrated Manufacturing, 61, 101837.

셋째, 디지털 트윈은 사물인터넷과도 궤를 달리한다. 디지털 트윈 역시 사물인터넷의 도움이 필요하지만 디지털 트윈은 사물인터넷에서는 필요로 하지 않는 현실체계를 복제한 디지털 체계 위에서 구동된다. 즉, 사물인터넷은 디지털 트윈이 필요로 하는 현실체계를 복제한 디지털 체계를 필요로 하지 않는다. 그러나, 효과적인 디지털 트윈 구동을 위해서는 사물인터넷의 지원이 필요하다.

4절 디지털 트윈과 비즈니스 모델

디지털 트윈 기반의 비즈니스 모델을 이해하려면 우선 비즈니스 모델 개념을 정확히 알아둘 필요가 있다. 비즈니스 모델이란 기업이 고객이 원하는 경제적 가치, 사회적 가치, 그리고 환경적 가치를 만드는 기업경영 방식을 총칭하는 말이다. 고객이 원하는 이 같은 세 가지 유형의 가치가 시장 내에서 인정받게 되면 해당 기업은 지속 가능한 성장을 할 수 있다.

- 경제적 가치란 이익과 투자수익률(ROI: Return on Investment)을 말한다.
- 사회적 가치란 공동체 발전에 이바지 하는 가치를 말한다.
- 환경적 가치란 에너지 소비 절감, 재생자원 활용 등을 통한 친환경 가치를 말한다.

따라서, 지속 가능한 비즈니스 모델은 경제적 가치, 사회적 가치, 환경적 가치를 균형 있게 유지하면서 주주의 가치를 증대시킨다. 이 같은 지속 가능한 비즈니스 모델을 보다 세부적으로 분석해 보자.

첫째, 가치제안이다. 가치제안이란 시장 내에서 고객들이 왜 특정 기업의 제품과 서비스를 구매하려는지를 설명한다. 즉, 기업은 제품과 서비스를 통하여 새로운 가치를 시장에 제안하고 고객은 해당 제품과 서비스에 반영되어 있는 가치를 구매한다. 따라서, 가치제안은 기업이 어떤 종류의 제품과 서비스를 시장에 제안하느냐와, 어떤 고객을 타겟으로 하느냐를 설명한다.

둘째, 가치창출이다. 이는 기업이 일련의 제조 활동을 하는 것을 말한다. 이때 해당 기업은 자신의 인프라를 사용하여 해당 제품과 서비스를 만든다. 가치창출에는 상당한 양의 인적·물적자원이 소요된다. 따라서, 자원 사용 시 환경적 가치와 사회적 가치가 유지되도록 해야 한다.

셋째, 가치 네트워크이다. 이는 공급자, 기업들, 파트너 및 고객들로 구성된 가치사슬을 말한다. 기업이 가치 네트워크 상에서의 위치가 확실하고 파트너들과 긴밀한 관계를 맺고 있어야만 제품을 보다 신속하게 판매할 수 있어서 경쟁기업과의 경쟁에서 이길 수가 있다. 가치 네트워크가 안정적으로 관리되어야 비로소 기업은 시장이 원하는 가치를 제때에 우수한 품질과 경쟁력 있는 가격으로 창출할 수 있다.

넷째, 재무모델이다. 이는 기업이 수익과 이익을 여하히 창출하는지를 보여준다. 이는 곧 기업이 가지고 있는 가치확보 능력을 반영한다. 기업마다 주어진 환경에 맞는 독특한 재무모델을 가지고 있기 때문에 같은 품질의 가치라고 하더라도 재무모델은 판이하게 다를 수 있다. 따라서 재무모델은 기업이 가지고 있는 경쟁전략, 시스템 구조, 자원배분, 내부역량에 따라 달라진다.

다섯째, 고객 인터페이스이다. 이는 기업이 여하히 고객들과의 접점을 유지하느냐를 보여준다. 또한 기업이 타겟고객들에게 어떠한 프로세스를 거쳐서 창출된 가치를 전달하느냐를 말한다. 따라서 아무리 양질의 가치를 창출하였다고 하더라도 고객 인터페이스가 부실하거나 제대로 작동을 하지 못하면 원하는 타겟고객에게 가치전달이 제대로 이뤄지지 못한다. 이는 곧 기업의 재무모델에 심각한 문제를 야기하여 원활한 경영 활동이 불가능하게 된다. 또한 고객 인터페이스는 고객들의 마음속에 기업 이미지를 형성하는 데 큰 영향을 준다. 따라서 고객충성도에 영향을 주기 때문에 고객 인터페이스 관리에

만전을 기할 필요가 있다. 예를 들어, 기업이 경제적 가치에만 신경을 쓰는 것이 아니라 환경적 가치 증대를 위하여 고객의 자발적인 참여를 유도하게 되면 자연스럽게 고객의 마음속에 해당 기업은 친환경정책에 신경을 쓰는 건전한 기업 이미지를 갖게 된다.

이 같은 비즈니스 모델의 특성을 감안하여 디지털 트윈을 토대로 비즈니스 모델의 특성을 하나씩 체크해 보자.

첫째, 가치제안 시 디지털 트윈을 감안한다면 어떠한 가치제안이 가능할까? 여러 가지 가치제안이 가능하겠지만 환경적 가치와 사회적 가치를 동시에 유지하면서 경제적 가치를 증대시키는 고차원의 스마트 제조공정 설계가 가능할 것이다. 이 같은 디지털 트윈 기반 스마트 제조공정은 기존의 방식으로는 설계 자체가 매우 어렵기 때문에 평소 환경적으로 문제를 일으킬 소지가 큰 화장품원료 제조, 의료물질 제조, 신약물질 제조, 화학물질 제조, 환경유해물질 처리 등의 분야에서 혁신적인 제품과 서비스 창출이 가능할 것이다. 또한 헬스 의료 분야에서 환자의 상태를 24시간 실시간으로 모니터링 하면서도 환자에게 제공되는 의료서비스 질 향상, 그리고 의료진의 일-개인생활 간 균형, 이른바 워라밸(워크-라이프 간 밸런스)을 유지할 수 있는 양질의 의료환경을 만들 수 있다.

둘째, 디지털 트윈을 기반으로 하면 가치창출에는 어떠한 변화가 있을까? 우선 타겟 제조공정을 시스템 기반의 실시간 모니터링이 가능하고 그에 따라 해당 제조공정에 들어가는 다양한 자원(에너지, 원자재, 인력 등)을 효과적으로 배분할 수가 있다. 또한 제조공정에 들어가는 에너지의 양을 최소화하여 그린 제조공정으로의 전환을 효과적으로 만들어줌으로써 환경적 가치 증대에 기여할 수 있다.

셋째, 디지털 트윈을 적용하면 공급망에 참여하는 모든 관련 기업을 보다 효과적으로 통합하여 적시에 필요정보를 공유할 수가 있다. 이는 해당 기업의 가치 네트워크의 효과성과 효율성을 크게 증대시킬 수 있다.

넷째, 고객 인터페이스도 디지털 트윈을 통하여 개선될 수 있다. 즉, 제조공정 각 주요 단계별로 타겟고객이 참여하여 자신의 언매트 니즈(즉, 충족되지 않은 니즈. 영어로는 unmet needs라고 함)를 제조프로세스 상에 반영할 수가 있다. 이러한 고객 인터페이스 기능 향상은 해당 기업으로 하여금 시장 내에서 더욱 경쟁력 있는 제품과 서비스를 만들도록 함으로써 기업경쟁력 강화에 크게 기여한다.

다섯째, 재무모델에도 디지털 트윈은 크게 기여할 수 있다. 즉, 제조공정 주요 단계별로 들어가는 인적자원, 물적자원, 그리고 에너지자원을 실시간으로 통제가 가능하여 원가경쟁력 강화에 이바지한다.

New
Machine
Entrepreneurship

4 부

기업가정신 지수와 미래방향

12장 기업가정신 지수와 한국 기업가정신 개선방향

1절 기업가정신

이미 앞에서도 설명을 하였지만 기업가정신을 정의하는 방법은 매우 많다. 본장에서는 기업가정신 지수와 우리나라의 기업가정신 개선방향에 대해 생각을 하고자 한다. 따라서, 이미 기업가정신과 창업가정신을 1장과 2장에서 설명하였지만 기업가정신 지수를 생각하기에 앞서서 한번 더 기업가정신, 창업가정신, 혁신정신 등을 생각을 하고자 한다.

우선, 기업가정신이 무엇이냐에 대해서 얘기할 때 가장 먼저 떠오르는 단어는 '가치창출', 그리고 '혁신 리더십'일 것이다. 기업가라는 말이 개인을 의미하는 것이라면 어떤 한 개인이 시장에서 아직 경험하지 못한 새로운 가치창출에 대해서 전력을 쏟고 그 개인이 기업을 창업하여 혁신적인 리더십을 보여준다면 이러한 개인을 일컬어 기업가정신이 투철한 사람이라고 말해도 틀린 말은 아닐 것이다.

이렇게 기업가정신을 개인에 촛점을 맞추어서 얘기를 하면 의외로 정의하기가 어렵지 않다. 그런데 여기에도 문제가 있다. 과연 기업가정신이 개인에게만 촛점을 맞추어 정의를 하는 것이 합당한 것이냐라는 점이다. 우리의 관심을 개인이 아니라 기업으로 옮겨보자. 그렇다면 기업은 기업가정신이 있느냐 없느냐라는 문제를 따질 수 있는가? 그렇다. 기업도 기업가정신이 있는 기업과 그렇지 않은 기업으로 나눌 수 있다는 것을 우리는 잘 안다. 기업의 차원에서 기업가정신을 얘기하면 그때는 기업가정신을 어떻게 정의할 수 있을까? 기업가정신이 살아있는 기업은 다음과 같은 특징을 보인다.

첫째, 이전에 활용되지 않았던 기회를 발견하고 이를 활용하고자 하는 노력을 기울일 것이다.

둘째, 현재 보유하고 있는 자원을 뛰어 넘는 기회를 추구하고 그와 관련된 과정과 활동에 아낌없는 투자를 할 것이다.

경영학자 중에서 피터 드러커는 경영학의 주요 이슈를 철학적인 수준의 담론으로 제시하고 통찰력 있는 해답을 제시한 학자로 유명하다. 드러커는 기업가에 대해 말하기를, 기업가(즉, 여기서는 기업가정신을 실천하는 앙트레프레너를 말함)란 항상 변화를 탐색하고 그 변화에 대해 반응하며 그러한 변화를 기회로 활용할 줄 알아야 한다 라고 지적하였다.[1] 즉, 기업가정신을 지닌 기업가라면 시장 내에서 일어나는 소비자들의 기호 변화, 경쟁환경의 변화를 늘 모니터링하였다가 일정 수준 이상의 변화를 센싱(sensing) 한 경우 이를 토대로 변화된 비즈니스 모델과 경영전략으로 반응하여 이를 기회로 삼아 또 한번의 도약을 꾀하여야 한다는 의미이다.

따라서, 기업가정신은 기업가가 부를 창출하고 사회에 부가가치를 제공하기 위한 목적으로 새로운 창의적인 것들이나 혁신적인 다른 것들을 실행하는 과정이다.

그렇다면 기업가정신과 창업가정신은 무엇이 다른가? 결론부터 얘기하자면 같은 이야기이다. 기업가란 우리가 말하는 일반적인 사업가와 다르다. 사업가라고 하면 영어로는 비즈니스 맨, 즉 사업을 하는 사람 정도로 해석된다. 사업가는 주어진 경영자원을 활용하여(즉, 인적자원, 자본 등) 매출을 발생시

1) P. F. Drucker(1986). *Innovation and entrepreneurship: practice and principles*. New York: Harper & Row.

켜 안정적인 수익과 현금흐름을 목표로 사업 활동을 하는 사람을 말한다. 따라서, 적어도 어떠한 형태로든지 비즈니스 활동을 하는 사람이라면 사업가로 분류된다. 인류역사와 함께 모든 유형의 사업이 시작되었으므로 사업가는 옛날 고대부터 중세, 현재에 이를 때까지 모든 나라 모든 사회에서 늘 우리와 함께 하였다.

그러나, 기업가라고 하면 얘기는 조금 달라진다. 기업가에 합당한 영어는 비즈니스 맨이 아니다. 기업가라는 뜻에 해당되는 영어 단어는 불어에서 유래된 앙트레프레너, 즉 Entrepreneur이다. 앙트레프레너의 핵심은 위험을 감수하는 사람이다. 그러한 의미에서 앙트레프레너와 가장 유사한 영어 단어는 모험가라는 뜻의 어드벤처러, 즉 adventurer 이다. 위험은 불확실성으로부터 시작된다. 이러한 불확실성은 현재 가지고 있는 소중한 자원을 미래의 불확실한 수익을 위해 투자하려는 기업가를 망설이게 한다. 그럼에도 불구하고 더 높은 생산성과 수익을 위하여 위험을 감수하고 투자를 하고 경영 활동을 하는 사람을 우리는 기업가, 즉 앙트레프레너라고 한다.

이 같은 기업가정신에 대한 학술적 정의를 가장 드라마틱하게 표현한 사람은 오스트리아 출신이자 하버드대학교 교수를 지낸 경제학자 조셉 슘페터이다. 그는 1942년 자신의 저서인 "자본주의, 사회주의, 민주주의"라는 책에서[2] 기업가를 성공적인 혁신을 꾀하는 사람으로 설명하면서 이들 기업가가 가지고 있는 기업가정신이야말로 신 비즈니스 모델, 신 상품을 창조해 내는 원동력이 된다고 강조하였다. 이때 조셉 슘페터는 기업가가 수행하는 창조적 활동을 일컬어 기존의 평범한 것을 파괴하여 창조적 혁신을 이룬다는 의미로 "창조적 파괴"라고 칭하였다. 이때부터 창조적 파괴라고 하는 말은 기업가와 기업가정신을 지칭하는 핵심적인 단어로 사용되어 왔다.

사업가에게는 창조적 파괴라는 말을 사용하지 않지만 기업가, 즉 앙트레프

2) 슘페터·조지프·변상진(2011). 자본주의·사회주의·민주주의. 역자 변상진. 서울: 한길사.

레너에게는 창조적 파괴라는 말을 사용한다. 기업가는 창조적 파괴를 통하여 기존 비즈니스 모델과 산업 파라다임을 혁신한다. 그리고 그러한 창조적 파괴를 꾀하는 혁신정신을 기업가정신이라고 한다.

2절 개인 차원 기업가정신 구성 요인

개인 차원에서 기업가정신을 구성하는 요인은 무엇이 있을까 생각해 보는 것은 기업가정신을 이해하는 데 도움이 된다. 기업가정신이 있는 개인들은 무엇이 그로 하여금 기업가정신을 갖도록 하는 것일까? 이에 대한 이해가 어느 정도 되어 있다면 기업가정신을 강화하는 그러한 요인에 대하여 더욱 더 열린 마음으로 대할 수 있을 것이다.

개인 차원에서 기업가정신을 구성하는 요인은 내부 요인과 외부 요인으로 크게 분류할 수 있다. 우선 내부 요인부터 살펴보자 내부 요인에는 개인적 특성, 기업가적 특성, 창업에 대한 인식과 관심이 있다.

- 개인적 특성이란 개인이 가지고 있는 일반적인 인구통계적 특성이다. 즉, 성별, 연령, 직업, 학력 등이 그것이다.
- 기업가적 특성이란 개인마다 편차가 심한 특성으로서 기업가로서의 특성을 말한다. 즉, 혁신성, 위험감수성, 경쟁추구성이 그것이다. 기업가적 특성이 강한 개인은 스스로 기업가로서의 길을 찾고 그 길에서 행복감과 성취감을 추구한다.
- 창업에 대한 인식과 관심은 창업에 대하여 어느 정도의 관심과 실제 관심이 있느냐를 말한다. 이는 기업가적 특성이 있다고 하더라도 창업에 대한 인식과 관심은 없거나 약할 수가 있기 때문이다. 특히 창업에 대한 인식과 관심이 높으면, 그러한 개인은 창업 의도가 강하고 창업에 대한 동기 역시 강하다.

개인 차원의 기업가정신을 구성하는 외부 요인을 살펴보자. 여기에는 창업기회, 창업역량, 창업자원이 있다.

- 창업기회란 개인이 특정 아이디어나 기술을 토대로 사업화를 하고자 하는 기회를 얼마나 많이 갖느냐를 말한다. 그리고 그러한 기술과 아이디어가 얼마나 참신하고 경쟁력이 있느냐도 요인이 된다. 사업화가 될만한 아이디어나 기술은 거저 주어지는 것이 아니라 본인이 그만큼 평소 기업가적 특성과 창업에 대한 인식 및 관심이 있어야만 가질 수 있는 자원이다. 또한 창업을 고민할 때 당시 시장과 경쟁환경도 무시못할 요인이다. 아무리 경쟁력이 있어 보이는 아이디어와 기술이 있어도 당시의 시장과 경쟁환경이 호락호락하지 않다면 창업을 하고자 하는 개인에게는 상당한 부담이 되기 때문이다.
- 창업역량은 기업가적 특성과 달리 외부 요인에 해당된다. 왜냐하면 기업가적 특성은 어느 정도 선천적인 성격이 있지만 창업역량은 대부분 사회활동을 하거나 실제로 회사에서 근무하면서 주변환경에 의하여 주어지는 경우가 많기 때문이다.[3] 예를 들어, 시장 트렌드의 변화에 대한 이해, 대안을 찾는 능력, 특정 제품의 속성에 대한 이해가 대표적인 창업역량에 해당된다. 사실, 그러한 창업역량은 대부분 개인이 가지고 있는 기업가적 특성과 별도로 회사생활을 하면서 얻어진다. 따라서, 이 같은 창업역량은 개인의 기업가적 특성과는 별도로 외부 요인으로 간주된다. 이외에도 생각해 볼 수 있는 창업역량에는 특정 시장 내에서의 위험도 측정 능력과 문제해결 능력이 있다. 위험도란 산업 유형과 시장환경에 따라 크게 달라진다. 그렇기 때문에 위험도에 대하여 누구보다도 예리한 측정 능력이 있는 사람은 남들은 위험도가 높다고 생각하면서 시장을 떠날 때 과감하게 시장에 뛰어들 수 있는 뛰어난 창업역량을 발휘하여 큰 성공을 거두는 경우가 많다.
- 창업자원이란 자금, 인력, 그리고 멘토 등의 실제 창업 시 필요한 유·무

3) 이춘우(2019). 기업가정신(Entrepreneurship) 과 기업가(Entrepreneur)의 정의의 통합모형: 직무관점 및 역량모델 관점의 적용. 중소기업연구, 41(1), 97–129.

형의 자원을 말한다. 이 같은 창업자원은 대부분 창업을 시작하고자 할 때 당장 필요한 핵심 자원이다. 그중에서도 창업자금 확보는 중요하다. 민간차원에서 창업자금을 제공하는 다양한 유형의 개인 또는 조직이 있다. 즉, 액셀러레이터, 마이크로 벤처캐피탈, 엔젤 투자자, 크라우드 펀딩이 그것이다. 액셀러레이터란 영어로는 accelerator로 표기한다. 이는 창업 초기에 있는 가능성 있는 스타트업을 발굴하여 필요한 사업자금을 지원하고 업무공간 제공, 경영컨설팅 등을 지원하는 투자업체 또는 단체를 말한다. 말하자면 창업기획사이다. 마이크로 벤처캐피탈은 창업초기 기업에게 3억에서 5억 정도의 규모로 투자하는 소규모 투자주체를 말한다. 엔젤 투자자란 자금부족에 시달리는 기술력 있고 전망이 있어 보이는 벤처기업에 투자를 하는 개인투자자 또는 그러한 투자자들의 모임을 말한다. 따라서, 이들 엔젤 투자자는 자기 돈을 투자하는 사람들이고 벤처캐피탈은 남의 돈을 투자하는 기관이다. 따라서, 일반 벤처캐피탈(영어 약자로 VC라고 한다. 즉, venture capital의 이니셜을 표기한 것임)은 투자기준을 엄격히 따르는 반면에 엔젤 투자자는 해당 개인의 성향에 따라 투자기준이 많이 달라진다. 크라우드 펀딩은 SNS, 즉 소셜 네트워크 서비스를 통하여 불특정 다수로부터 창업자금을 투자받는 경우를 말한다. 투자 방식 또는 목적에 따라 지분투자나 대출, 아니면 보상의 형태로 투자가 이뤄진다. 국내에서 활동 중인 크라우드 펀딩 플랫폼은 많지 않다. 즉, 와디즈(https://www.wadiz.kr), 오픈트레이드(https://otrade.co) 등은 아직 활동은 하고 있으나 아직은 국내 시장에서 크라우드 펀딩이 안정적으로 정착되었다고 볼 수는 없다.

3절 국가 차원 기업가정신

국가 차원에서 기업가정신을 구성하는 요인은 보는 관점에 따라 다양한 요인을 반영할 수 있다. 여기에는 규제, 시장, 금융환경, 지식인프라, 교육, 문화 등의 제반 요인이 다 반영된다. 이를 대표적인 요인을 중심으로 살펴보자.

1. 기업가정신 촉진정책 현황

전세계적으로 기업가정신을 촉진하는 정책이 이뤄지고 있다. 대표적으로 유럽연합에서는 지속 가능한 경제성장과 안정적인 고용창출을 위하여 2000년도부터 이른바 '리스본 전략'이라는 이름으로 경제부흥책을 실시하였다. 그리고 2006년도에는 '오슬로 아젠다'라는 이름으로 창업친화적인 환경구축을 위하여 창의성, 진취성, 리더십 제고를 위한 다양한 정책과 교육을 실시하고 있다.

그리고 "기업가정신 2020 실천계획"을 통하여 기업가정신 함양을 위한 상당한 수준의 개혁정책을 펼치고 있다. 이를 구체적으로 살펴보자.

첫째, 기업가정신 교육과 훈련을 젊은 세대에게 적극적으로 실시하여 차세대 기업가 세대를 배출한다.

둘째, 창의적이고 혁신적인 기업가가 자연스럽게 성장할 수 있는 환경을 조성한다.

셋째, 유럽의 문화에 맞는 기업가정신 문화를 활성화하고 롤모델을 개발한다.

이같이 유럽연합의 기업가정신 2020 실천계획은 스타트업 창업 숫자를 따지는 우리나라와는 달리 기업가정신을 보다 근본적으로 함양하고 이를 실천할 수 있는 범사회적 인프라 체제를 구축하는 데에 촛점을 맞추고 있다. 한마디로 기업가정신에 대한 교육을 젊은 세대들에게 집중적으로 실시하고 이들로 하여금 궁극적으로 혁신적이고 창의적인 기업가로 성장할 수 있도록 지원하고 후원하고 있다. 심지어 유럽연합의 이 같은 기업가정신 친화적인 교육과 사회운영정책은 인종, 종교, 지역 등으로 분열된 유럽사회를 하나로 통합하는 대안으로 적극 활용되고 있다. 그러다 보니 상대적으로 사회적 약자일 수밖에 없는 이민자, 여성, 노인, 그리고 청년들에게 더욱 친화적인 기업가정신 교육과 정책을 추진하고 있다.

2. 국내 스타트업 생태계 현황

최근 국내의 창업환경이 크게 개선되었다. 즉, 누구든지 마음만 먹으면 1인 창조기업부터 여러 가지 형태의 스타트업을 시작할 수 있다. 이른바 '린 스타트업'(lean startup) 환경이 도래한 것이다. 그러나 아직도 국내 스타트업 생태계는 세계수준에 비하여 뒤떨어진다. 글로벌 스타트업 분석기관인 '스타트업게놈'(Startup Genome. https://startupgenome.com/)의 2019년도 5월 분석보고서에 따르면[4] 2019년도 대한민국 수도인 서울에서 이뤄진 스타트업에 대한 총 투자금 규모는 달러로 1억 달러도 안되는 8,500만 달러에 불과하다. 이는 우리나라 돈으로 대략 1천억 원 수준이다. 반면 세계수준을 보면 약 8억 3,700만 달러가 스타트업에 투자된바 있다. 국내 스타트업에 대한 투자규모는 세계수준의 겨우 10분의 1 수준에 불과하다는 것이다. 왜 국내 젊은층이나 중장년층에서의 창업열기는 뜨거운 반면에 그에 대한 실질적인 투자규모는 이렇게 열악한 것일까 ? 우리나라 경제규모는 이미 세계 10대 국가로 성장하였으므로 이는 우리나라 경제규모가 아닌 다른 요인에 기인한 것으로 봐야 한다.

- 정부의 엄격한 규제 때문이다. 우리나라의 경우 스타트업의 자금공급원인 벤처캐피탈, 즉 VC를 설립하려면 까다로운 규제조건을 만족시켜야 한다. 그만큼 VC 설립을 위한 진입장벽이 높다. 그러면 얼마나 진입장벽이 높을까? 우리나라 정부방침에 따르면 VC를 설립하려면 최소 자본금 20억 원이 필요하다. 이 정도 규모의 자본금이 없이는 VC 설립 자체가 원천적으로 불가능하다. 반면 미국, 영국 등 국가에서는 VC 설립에 따른 최

4) G. Elia, Gatti, L., &Margherita, A. (2020). The Genome of Digital Entrepreneurship: A Descriptive Framework. In Innovative Entrepreneurship in Action (pp. 7–26). Springer, Cham.

소 자본금 요건이 없다. 여기에서부터 우리나라 스타트업계의 환경은 어려울 수밖에 없다.

- 우리나라 스타트업 생태계가 열악한 또 다른 원인을 살펴보자. 인수합병, 즉 M&A시장이 부진하다. 인수합병은 미국 같은 스타트업 선진국에서는 스타트업이 투자금을 회수하는 가장 빠르고 효율적인 방법이 된다. 왜냐하면 주식시장에 주식을 상장하는 이른바 기업공개인 IPO(Initial Public Offering)를 하려면 요건을 갖추는 데에만 10년 정도가 소요된다. 스타트업에 투자를 한 투자자 입장이나, 스타트업을 운영하는 기업가 입장에서나 10년을 기달려야 어느 정도의 투자금 회수가 가능하다면 이는 상당한 부담이 될 수밖에 없다. 투자자들이 이 정도 긴 시간을 기달려야 투자금을 회수할 수 있다면 스타트업에 대한 투자 자체를 꺼릴 수밖에 없다. 그렇기 때문에 주식상장을 통한 기업공개보다는 인수합병이 훨씬 효과적인 투자회수 방법이 된다. 스타트업에 대한 인수합병이 제도적으로 원활하게 이뤄질 수 있는 환경을 갖춘다면 젊고 능력 있는 많은 기업가들이 스타트업 시장에 뛰어들어 창업을 할 것이다. 그리고 그들의 활발한 창업 활동은 더욱 더 많은 경쟁력 있는 스타트업을 국내 시장에서 만들어내고 이들은 인수합병시 유리한 조건을 만들기 위하여 기술력과 경쟁력을 키우기 위하여 노력을 아끼지 않을 것이다. 이 같은 건강한 선순환 구조가 국내 스타트업 시장에서도 빠른 시일 내에 이뤄져야만 우리나라도 세계시장에서 자랑할 만한 이른바 유니콘 기업을(10억 달러의(약 1조원) 시장가치를 인정받고 설립된지 10년 이하의 비상장 스타트업을 의미) 2022년도까지 30개까지 만들 수 있을 것이다(이는 정부의 정책적 아젠다이기도 함). CB 인사이트에 따르면 2020년 현재 우리나라 유니콘 기업의 숫자는 10개이다.[5)]
- 그럼 전세계적으로 유니콘 기업은 얼마나 될까? CB 인사이트에 따르면 2020년 현재 세계적으로 436개 유니콘 기업이 있다. 나라별 분포를 보면 미국에 214개, 중국에 107개가 있다. 유니콘 기업의 숫자가 중요한 이유는 해당 국가의 경제 및 산업경쟁력의 척도이자 미래 국가경쟁력을 나타

---

5) https://biz.chosun.com/site/data/html_dir/2020/01/13/2020011300082.html

내기 때문이다. 그만큼 그 나라 경제의 활력도가 크고 젊고 싱싱한 기업들이 많다는 의미이다. 이웃나라인 중국만 보더라도 유니콘 기업의 50%가 대기업인 알리바바, 텐센트, 바이두, 징둥 등의 기업으로부터 투자를 받았다. 즉, 이들 대기업들이 기업형 벤처캐피탈로서의 큰손 역할을 제대로 하고 있다. 이들 대기업들이 중국 경제의 활력소 역할을 하면서 중국 스타트업 생태계를 건강한 선순환구조로 이끄는 견인차 역할을 하고 있는 셈이다. 우리나라 스타트업 생태계를 지금보다 더 건강하고 역동적인 생동감으로 넘치게 하려면 이 같은 기업형 벤처캐피탈이 더욱더 많아져야 하고, 아울러 미국처럼 인수합병이 보다 더 활발하게 이뤄지도록 하는 정책이 이뤄질 필요가 있다.

3. 지식 인프라

지금까지 국가 차원 기업가정신을 구성하는 요인 중 스타트업에 대한 정부의 정책과 금융환경의 중요성을 살펴봤다. 국가 차원 기업가정신에는 이에 못지 않게 중요한 요인이 또 있다. 바로 지식 인프라이다. 지식 인프라를 구성하는 세부 요소에는 연구개발 투자, 기술, 그리고 협력이 있다. 국가 차원에서의 연구개발 투자는 GDP 대비 정부 R&D 투자 비중, GDP 대비 기업/민간 R&D 지출규모로 측정된다. 그리고 기술은 인구 1천명당 과학기술 논문 수, 신기술을 이용한 창업으로 측정된다. 협력은 PCT(patent cooperation treaty. 특허협력조약) 출원에 의한 국제협력과 신생기업의 기술접근성, 대학연구기관으로부터의 기술 및 지식이전 효과성, 기업-대학 간 연구 협업 정도로 측정된다.

4. 기업가정신 및 창업 관련 교육

국가 차원의 기업가정신 구성 요인에는 교육을 빼놓을 수 없다. 우리나라도 기업가정신 교육을 어릴 때부터 실시하는 것이 중요함을 깨닫고 이를 교육정책에 반영하기 시작하였다. 즉, 교육부는 2015년도부터 교육 과정에 기업가정신 교육을 반영하였고, 2018년도부터 2020년까지 초·중·고등학교 전체로 기업가정신 교육프로그램을 확대시행하고 있다. 그러나, 교과 과정 내용이 창업교육에 편중되어 있어서 미래의 변화하는 산업사회에 필요한 창의적 문제해결능력, 리더십 함양, 도전정신 실천 능력, 협력네트워크 확충 능력 배양 등 기업가정신 본연에 충실한 교육 과정으로는 아직 부족하다.

4절 우리나라 기업가정신 지수 평가

우리나라의 기업가정신 지수는 OECD 국가 중에서 어느 정도 수준에 있을까? 이미 위에서 설명한 국가 차원의 기업가정신 지수를 구성하는 요인을 대상으로 보다 구체적으로 질문지를 만들어 조사를 행한 결과가 있다. 2020년 6월 30일자에 발표된 '기업가정신 OECD 국제비교'라는 보고서 결과에 따르면 OECD 회원국 국가 35개국을 대상으로 기업가정신 지수를 산출한 결과, 우리나라는 26위로 나왔다. 본 결과는 매일경제신문과 전국경제인연합회가 합동으로 조사한 결과인데, 여기에 반영되는 기업가정신 지수 구성 요인은 모두 8개이다. 즉,

- 기업가에 대한 사회평판
- 기업가에 대한 직업 선호도
- 규제를 비롯한 경제제도수준
- 개인의 경제 활동 참가율
- 대기업 비중(특히, 중소기업의 대기업으로의 성장 정도를 반영)
- 인구 10만명당 사업체 수
- 기업 체감경기(미래 투자 의지를 반영)
- 기업과 개인의 법률 신뢰 및 준수수준

조사 결과를 보면 기업가에 대한 사회평판이 14위, 인구 10만명당 사업체 수가 4위에 랭크되어 있는 것 빼놓고는 모든 항목에서 20위권 밖으로 쳐져 있다. 특히 낮은 순위를 보이는 3대 항목을 보면, 규제 등 경제제도수준이 27

위, 대기업 비중 27위, 기업체감경기 34위였다. 이는 우리나라 기업가정신 수준이 정부의 규제, 반기업 정서, 낮은 경기활성화로 인하여 매우 침체되어 있음을 보여준다.

국가별 기업가정신 지수를 면밀히 분석하여 이를 관리하는 국제기구가 있다. '글로벌 기업가정신 발전기구'(GEDI: Global Entrepreneurship and Development Institute. 공식 홈페이지는 https://thegedi.org/)이다. 이 국제기구에서는 매년 11월 세계 기업가정신 주간에 맞춰서 글로벌 기업가정신 지수, 즉 GEI(Global Entrepreneurship Index)를 산출하여 발표를 한다.[6)] 해당 GEI를 구성하는 요소는 모두 14개인데 이를 살펴보는 것도 기업가정신을 이해하는 데 도움이 된다.

◆ 태도

- 기회인식
- 신산업역량
- 위험용인
- 인적 네트워크 형성
- 문화적 지원

◆ 능력

- 기회적 신사업
- 기술흡수
- 인적자본
- 경쟁

◆ 열망

- 제품혁신
- 공정혁신

6) 관련 사이트는 https://thegedi.org/global-entrepreneurship-and-development-index/ 이다

- 고도성장
- 국제화
- 모험자본

2018년도 랭킹을 보면 우리나라는 24위에 랭킹되어 있고, 이는 카타르 22위, 에스토니아 23위, 칠레 19위, 타이완 18위, 홍콩 13위보다 순위가 밀려있다.[7)]

5절 한국의 기업가정신 개선 방향

한국의 기업가정신은 OECD 국가들을 포함한 32개국 중 중하위권에 속한다. 한국의 기업가정신 수준은 종합 순위도 32개국 중 19위로 중하위권에 위치하며 구성 요소별로 살펴보아도 성과 요소만이 10위로 높은 순위를 차지하고 있고 창업가 요소는 27위로 하위권에 위치했다.[8)] 이들 성과 요소와 창업가 요소에 영향을 미치는 환경 요소들을 살펴보면 규제 요소는 16위, 문화 요소는 15위로 중위권에 위치하며, 지식 인프라는 19위에 위치한다. 시장 요소는 21위, 금융환경 요소는 23위, 능력개발/교육 요소는 22위로 20위권 밖에 위치한다, 성장단계별로 살펴보았을 때도 한국은 성장단계에서는 14위로 평균 이상을 기록했으며, 실패/재도전단계는 17위로 중위권에 위치하지만 창업준비단계와 창업단계에서는 24위와 25위로 나타나며 창업을 위한 도전정신이 부족하다는 것을 알 수 있다.

세계 주요 국가들과 비교하여 볼 때 아직 답보상태에 놓여 있는 우리나라의 기업가정신 지수를 개선하려면 어떠한 노력이 필요할까?

7) 이정우·김선우·김영환·이윤준·백서인·권기환·이승재(2019). 2018년 기업가정신 모니터링 사업: 혁신창업생태계 연구. 정책연구, 1-395.

8) 박재환·김봉문·김용태(2018). 기업가정신 생태계 활성화 요인에 관한 국가간 비교연구: GETR(글로벌기업가정신트렌드리포트) 자료를 중심으로. 벤처창업연구, 13(1), 23-30.

첫째, 일단 창업가 요소에서 한국은 27위라는 낮은 순위에 자리 잡고 있기 때문에 이를 보완할 노력이 필요하다. 특히 이 중, 기회인식 및 역량인식 지표에서는 끝에서 두 번째에 위치하고 있을 정도로 열악한 수준이다. 이는 창업을 하기 위한 기회나 자신의 역량 자체를 인식하지 못하고 있음을 의미한다. 이러한 약점을 개선하기 위해서는 국가 주도적인 체계적인 창업교육이 필요하다. 즉, 단순히 창업 건수를 늘리기 위한 성과중심의 교육에서 탈피하여 젊고 유능한 청년들에게 혁신적인 기업가로서의 꿈을 얼마든지 펼쳐 나갈 수 있도록 하는 미래지향적인 교육이 필요하다. 또한, 당장 창업이 가능한 성인들 이외에도 미래에 자신의 기회를 잡을 수 있도록 어린 나이의 초·중·고등 학생들에게도 혁신적인 기업가정신의 중요성에 대한 교육이 필요하다.

둘째, 성과 요소와 창업가 요소에 영향을 주는 환경 요소들을 살펴보면 성과 요소와 창업가 요소를 향상시키기 위해 정확히 어떤 환경을 개선해야하는지 조금 더 면밀하게 파악할 수 있다. 일단 시장 요소 지표에서 한국은 시장 응집도 지표에서 높은 순위인 6위를 기록하지만 다른 지표에서는 20위권에 머물고 있다. 따라서, 우리나라는 유럽의 강소국보다는 미국, 일본, 독일과 같은 경제규모가 큰 국가와 유사한 경향을 보이고 있다. 즉, 이들 세 국가는 시장응집도가 높고 독과점에 대한 규제가 많지 않다는 점에서 한국과 유사하지만, 이 국가들과 한국의 가장 큰 차이점은 이 국가들은 시장 진입 용이성 지표에서 10위 안에 위치한다는 것이다. 따라서, 우리나라도 창업가들에 대한 시장진입장벽을 낮춰 진입을 빠른 시일 내에 스타트업 기업이 시장에서 자리를 잡도록 하는 정책적 배려가 필요하다.

셋째, 금융환경 요소는 전통적인 금융 강국인 미국과 정부의 지원을 바탕으로 하는 핀란드가 1, 2위를 차지하고 있다. 미국이 벤처캐피털을 통한 민간 영역의 창업자금 조달이 원활하고 핀란드는 기술금융을 중심으로 하는 금융 환경이 잘 조성되어 있는 것에 비해 한국은 파산 후 대출금 회수율만이 10위 안에 들며, 나머지 지표에서는 하위권을 벗어나지 못하고 있다. 따라서 한국은 미국이나 핀란드 둘 중 한 국가를 벤치마킹해서, 벤처캐피털중심의 금융

환경 조성을 서두를 필요가 있다. 또는 핀란드와 같은 기술금융중심의 금융 환경을 만드는 것도 고려할 필요가 있다.

넷째, 지식 인프라 요소를 보면, 해당 요소의 1위 국가인 스위스는 인구당 과학기술 관련 논문의 수와 신생 기업이 기술에 접근할 수 있는 환경, 대학 혹은 연구기관으로부터의 기술 이전의 효과성, 그리고 산학연구협업 등의 협력과 관련된 지표에서 최상위권에 자리를 잡고 있다. 한국의 경우 R&D에 대한 투자금은 많지만, 이러한 성과를 기관 간의 협력을 통해 사업화하거나 신기술을 이용한 창업으로 연결되지 못하는 비효율적인 상태이다. R&D 투자가 연구 및 창업으로 선순환되는 긍정적 환류 메커니즘 양성에 더욱 신경을 쓸 필요가 있다.

다섯째, 능력개발/교육 요소에서 스위스는 1위를 차지하고 있다. 이는 스위스가 창업교육, 기술흡수 능력, 직업훈련에 대한 지출이 매우 높고 기업 내 실무 교육도 강하기 때문이다. 또한 2위인 네덜란드도 보면, 초·중등교육에서의 창의성/기업가정신과 같은 창업과 관련된 교육, 대학에서의 창업교육, 그리고 평생교육과 직업교육에서의 창업교육이 알차게 이뤄지고 있다. 반면, 우리나라는 초·중등학교에서의 창업교육, 기술흡수 역량에서는 평균 이상의 수치를 보이지만, 나머지 지표에서는 하위권에 머무르고 있다. 따라서, 우리나라는 초·중등학교에서의 창업교육에서부터 대학에서의 창업교육이 유기적으로 연결되도록 하는 정책적 추진이 필요하다.

여섯째, 문화 요소에서 1위는 미국이다. 미국은 기업가에 대한 긍정적 사회 분위기가 형성되어 있고, 언론도 기업가에 대해서는 우호적이다. 따라서, 미국 내에서 창의적 기업가에 대한 존경과 우호적인 언론은 수많은 미국의 젊은 인재들로 하여금 혁신적인 비즈니스 창업에 노력을 기울이도록 하는 문화적 요소를 잘 갖추고 있다. 우리나라도 최근 기업가정신 및 젊은 창업가에 대한 사회적 인식이 개선되고, 문화적으로도 종전과는 다르게 우호적인 문화적 토양을 갖춘 것으로 파악된다. 따라서, 혁신적인 기업가정신을 지닌 기업가들의 사례를 보다 많은 청소년과 젊은이들에게 적극적으로 알리고 이를 벤치마킹 하는 문화적 분위기를 더욱 더 키워나갈 필요가 있다.

찾아보기

〈ㅅ〉

〈ㅇ〉

〈ㅈ〉

〈ㅊ〉

〈ㅋ〉

〈ㅌ〉

〈ㅍ〉

〈ㅎ〉

저자약력

이건창

- 성균관대학교 경영학과 학사
- 카이스트 경영과학과 석사 및 박사(전공: 의사결정지원시스템 및 인공지능)
- 성균관대학교 경영대학 글로벌경영학과 교수

주요 국내저서

- 위기경영, 최신 경영정보시스템론 등 다수

주요 해외저서

- Kun Chang Lee (2013), *Digital Creativity: Individuals, Groups and Organizations*, Springer.
- Kun Chang Lee (2016), *Digital Creativity Model and Its Relationship with Corporate Performance: Emphasis on Agent-Based Modeling Approach*, Springer.

주요 논문

- Hwang, G. H., Lee, K. C., & Seo, Y. W. (2018). "How does Six Sigma influence creativity and corporate performance through exploration and exploitation?," *Total Quality Management & Business Excellence*, 29(13-14), 1668-1684.
- Hwang, Y. M., & Lee, K. C. (2018). "Using an eye-tracking approach to explore gender differences in visual attention and shopping attitudes in an online shopping environment," *International Journal of Human-Computer Interaction*, 34(1), 15-24.
- Choi, E., & Lee, K. C. (2016). "Relationship between social network structure dynamics and innovation: Micro-level analyses of virtual cross-functional teams in a multinational B2B firm," *Computers in Human Behavior*, 65, 151-162.
- 외 국제논문 200여 편을 Journal of MIS, Decision Support Systems, IEEE Transactions on Engineering Management 등 SCI급 저널에 게재
- 류재관·이건창 (2018). "아이디어 연상기억 탐색(SIAM) 모형에 기반한 비즈니스 문제해결 창의성 측정을 위한 뉴로과학 관점의 탐색연구: 근적외선 분광학(fNIRS) 방법을 중심으로," 경영학연구, 47(5), 1111-1137.
- 최도영·이건창 (2016). "불확실성을 수반한 경영의사결정 시 긍정-부정감성이 비즈니스 문제해결 창의성에 미치는 효과에 관한 뉴로사이언스 기반의 실증 연구," 경영학연구, 45(4), 1147-1172.
- 최도영·이건창 (2016). "이성적 자극과 감성적 자극에 따른 인지처리 기능 및 재인효과 차이에 관한 연구: fMRI 분석을 중심으로," 인지과학, 27(1), 61-99.
- 외 국내논문 120여 편을 경영학연구, 회계학연구, 지능시스템지 등 KCI 등재지에 게재

저자와의
협의하에
인지생략

뉴 머신시대의
기업가정신을 찾아서

【정가: 18,000원】

2020년 9월 10일 1판 1쇄 인쇄
2020년 9월 20일 1판 1쇄 발행

저 자 이 건 창
발행자 채 규 호

발행처 **무 역 경 영 사**

서울특별시 영등포구 양평로 21길
26(2504호)
전화: (719) 3621~4
FAX: (719) 3 6 2 5
E-mail: muyok@unitel.co.kr
홈페이지: www.muyokpub.co.kr
등록: 1992년 2월 19일 제10-675호

ISBN: 978-89-468-0713-6